Comprendre et pratiquer
la Technique des mouvements oculaires
(EMT)

Fred Friedberg

Comprendre et pratiquer la Technique des mouvements oculaires (EMT)

Pour soulager les tensions émotionnelles : stress, angoisse, colère, phobies, maux de tête...

Traduit de l'américain par Larry Cohen

LE GRAND LIVRE DU MOIS

Édition exclusivement réservée aux adhérents du Club
Le Grand Livre du Mois
15, rue des Sablons
75116 Paris
réalisée avec l'aimable autorisation des Éditions Dunod

L'édition originale de cet ouvrage a été publiée aux États-Unis par New Harbinger , sous le titre : *Do-It-Yourself Eye Movement Technique for Emotional Healing.*

New Harbinger Publications, Inc.
5674 Shattuk Avenue
Oakland, CA 94609

ISBN 2-286-01143-5

SOMMAIRE

PRÉFACE

AU COURS DES QUINZE DERNIÈRES ANNÉES, nous avons été témoins de progrès importants dans le domaine des soins apportés aux traumatismes et à la souffrance psychique et nous avons assisté à la créations de plusieurs nouvelles thérapies pour les soigner. Les plus connues et les mieux documentées sont les techniques de mouvements oculaires (ou EMT, acronyme de Eye Movement Technique). Jusqu'à la publication de ce livre, le patient ne pouvait en bénéficier que dans le cadre d'un traitement auprès d'un thérapeute dûment formé à cette technique. Le Dr Fred Friedberg a changé cet état de fait. Pour la première fois, l'un des traitements les plus efficaces jamais mis au point pour soulager les souffrances psychiques a été restructuré pour que vous puissiez l'appliquer à vous-même.

Avant d'évoquer les apports capitaux de Fred Friedberg et de ce livre, je voudrais faire un bref rappel historique. Une version de l'EMT fut d'abord utilisée pour soulager les traumatismes de vétérans de l'armée américaine. On découvrit que, s'ils visualisaient la scène de combat tout en faisant bouger leurs yeux de gauche à droite, la scène devenait de moins en moins bouleversante. Beaucoup d'études allaient bientôt confirmer ce résultat. Un grand nombre d'hommes aux prises avec le stress post-traumatique — certains pendant des années — éprouvèrent une diminution considérable des manifestations liées au traumatisme : angoisse, colère, flash-back et autres.

La technique était vraiment efficace. Mais personne ne savait pourquoi. Au départ, on a pensé que les techniques de mouvements oculaires devaient leur efficacité au phénomène des mouvements oculaires rapides (REM, acronyme de Rapid Eye Movement). Quand l'individu rêve, ses yeux bougent de droite à gauche. Or, comme le contenu du rêve reflète souvent des problèmes du jour et des difficultés psychologiques, les REM — et aussi l'EMT — ne pouvaient-ils pas être un moyen utilisé spontanément par le corps pour dépasser le traumatisme ?

C'était une théorie géniale, mais elle se révéla fausse. L'EMT fonctionne tout aussi bien avec l'ouïe ou le toucher. Par exemple, si vous entendez des cliquetis alternativement dans l'oreille droite et dans l'oreille gauche, vous pouvez éprouver un soulagement psychologique. Il en va de même quand quelqu'un touche en alternance le côté gauche et le côté droit de votre corps. Il apparaît donc que l'EMT ne se limite pas à un phénomène visuel et qu'on ne saurait donc l'interpréter comme un phénomène reproduisant les REM du sommeil.

Une autre théorie voulait que l'EMT se résume à une question d'exposition. Il s'agirait de visualiser à plusieurs reprises des scènes perturbantes pour s'y habituer progressivement ; l'individu finit par s'endurcir contre la douleur. Mais cela n'explique pas pourquoi l'EMT fonctionne et ni comment elle permet de soulager la détresse indépendamment des images traumatisantes, puisqu'il est possible d'obtenir un soulagement sans aucune visualisation.

Des théories plus récentes se concentrent sur le facteur commun à tous les traitements EMT, permettant d'alterner la stimulation des côtés du cerveau. Un phénomène propre à la stimulation bilatérale du cerveau semble soulager la douleur psychique. L'angoisse, la colère, la culpabilité et la honte — pratiquement tous les types de trouble psychique — diminuent avec l'EMT. Nous ignorons toujours pourquoi ; nous savons seulement que cela fonctionne.

Alors que des formes traditionnelles d'EMT étaient destinées à soigner des souvenirs traumatiques, le Dr Friedberg a compris qu'il était possible d'élargir le champ d'application de la technique pour aborder toutes les émotions pénibles ou presque. Au lieu de se pencher sur les souvenirs troublants, il s'est servi de l'EMT pour soulager la détresse psychique dans l'instant présent. Il s'est moins intéressé aux traumatismes passés qu'aux réactions du patient dans le présent.

Le Dr Friedberg a accompli deux ruptures majeures. La première consiste à se concentrer sur les émotions éprouvées par le patient, la seconde, c'est de simplifier et de rationaliser la technique pour la mettre à la portée de tout le monde. Dans ce livre, vous apprendrez à utiliser soit les tapotements sur la cuisse, soit les mouvements latéraux des yeux pour vous débarrasser des douleurs psychiques. Ces deux versions de l'EMT fonctionnent bien et sont faciles à maîtriser.

La pratique autonome de l'EMT marque un progrès important dans la mesure où elle permet à tout le monde de profiter d'une thérapie qui figure parmi les plus efficaces jamais mises au point. Le pouvoir de guérison de l'EMT n'est plus un secret gardé par les professionnels de la santé mentale. C'est devenu un ensemble de mesures simples que vous pouvez apprendre en quelques heures seulement. Je n'exagère pas quand je dis que, si vous savez lire l'heure, la pratique autonome de l'EMT est à votre portée.

Ceux qui pensent que c'est trop beau pour être vrai seront intéressés par les arguments suivants :

- plusieurs études ont confirmé que l'EMT soulage les symptômes générés par les tensions et l'angoisse ;

- Fred Friedberg a enseigné la pratique autonome de l'EMT à plus de 200 patients, et 75 % à 80 % d'entre eux ont fait état d'améliorations importantes ;
- un nombre croissant de thérapeutes, y compris moi-même, enseigne désormais la technique de l'EMT du Dr Friedberg à leurs patients, avec des résultats comparables.

Ce n'est pas tous les jours que nous assistons à la naissance d'un traitement vraiment efficace. Et c'est encore plus rare quand celui-ci est « gratuit » et à la portée de tout le monde. Pour ces raisons, je suis ravi de vous présenter cet ouvrage d'introduction à l'EMT. Ce que vous allez apprendre dans ces pages pourrait transformer votre vie.

Matthew McKay, Ph.D,
Co-auteur de *The Relaxation and Stress Reduction Workbook*
et de *Self-Esteem*

1

LES PROMESSES D'UNE NOUVELLE THÉRAPIE

SI VOUS ÊTES UNE VICTIME DU STRESS tout en vous demandant comment vous aller vous ménager les précieuses minutes qui vous permettront de décompresser et de vous détendre, cette nouvelle thérapie s'adresse à vous. Appelée Eye Movement Technique (technique des mouvements oculaires), ou EMT, elle consiste à effectuer des mouvements rapides des yeux de gauche à droite ou, dans sa variante, à faire des tapotements rythmiques des doigts. Elle permet de découvrir des solutions personnalisées pour résorber des tensions apparemment incontrôlables. En diminuant rapidement le stress, elle canalise la réflexion dans une direction positive, rationnelle et optimiste. Découverte il y a dix ans, cette thérapie peut être assimilée par tout le monde, ou presque. (Avertissement : si vous êtes victime de traumatismes anciens ou si vous souffrez de symptômes liés à des troubles post-traumatiques [souvenirs pénibles d'événements passés, flash-back, cauchemars, troubles du sommeil, sentiments de panique et/ou tensions et peurs chroniques], ou si vous souffrez d'hallucinations, de sautes brusques d'humeur ou d'idées suicidaires, n'essayez pas de vous soigner grâce à l'EMT. Il en va de même si on a diagnostiqué chez vous un trouble de la dissociation de la personnalité (personnalités multiples), la schizophrénie, un trouble bipolaire (psychose maniaco-dépressive) ou une personnalité borderline. Consultez un psychothérapeute expérimenté.)

CONVERTIR LES SCEPTIQUES

C'est avec incrédulité que mes proches accueillirent ma présentation de l'EMT, malgré ma conviction d'avoir trouvé là une thérapie efficace de lutte contre le stress. Amie de longue date et psychologue de métier, Danielle, avec qui j'ai entretenu un dialogue suivi sur l'EMT pendant que je rédigeais le présent ouvrage, était particulière sceptique. Après ma description des tapotements des doigts et des mouvements oculaires de la méthode, elle m'accusa presque de charlatanisme, refusant de croire que des mouvements aussi simples pussent favoriser de nouveaux comportements et résoudre des problèmes. Une discussion animée s'ensuivit.

Plusieurs semaines après cette discussion, Danielle me confia qu'elle redoutait de franchir les carrefours en cas de circulation intense. Ce problème avait débuté un soir d'orage. Danielle était arrivée la première à un croisement équipé d'un feu, quand le véhicule derrière elle percuta le sien. Il n'y eut aucun blessé, mais, depuis l'accident, elle avait peur des carrefours et craignait que sa voiture ne se trouve projetée dans le flot de la circulation. Aux feux, son appréhension était telle qu'elle se crispait sur son volant et freinait brutalement. Elle regardait fixement la circulation en face d'elle, craignant qu'une voiture ne la percute.

J'avais là une occasion de l'aider avec ma nouvelle thérapie et — qui sait ? — de la convaincre qu'il s'agissait d'une méthode efficace et non d'un vulgaire tour de passe-passe. Je lui proposai de traiter son problème avec l'EMT et, malgré ses doutes, Danielle accepta d'essayer.

Son niveau de stress s'élevait à la seule évocation d'un croisement. Pendant une première série d'EMT, je tapotai ses mains tandis qu'elle se concentrait sur cet état d'esprit. Un vertige la prit instantanément et l'image effrayante se précisa — réaction fréquente au départ. Dans la deuxième série d'EMT, je passai aux mouvements oculaires, qui lui firent penser à la nuit pluvieuse de son accident et aux mouvements des essuie-glace sur le pare-brise. Là encore, sa peur augmenta. (Quand le niveau de stress monte chez la personne qui pratique l'EMT, on a souvent intérêt à passer à un autre type de mouvements, comme nous le verrons dans le chapitre 5.)

Pendant la troisième série d'EMT, je lui demandai de suivre des yeux ma main, qui effectuait des mouvements de haut en bas. Au bout du deuxième mouvement, l'image effrayante disparut. En faisant cette constatation, Danielle sentit s'évaporer sa peur des embouteillages aux carrefours. Résultat plus surprenant encore, elle s'enthousiasma à l'idée de se retrouver à une intersection, perspective qui l'avait terrorisée quelques minutes auparavant.

Une semaine après cette dernière séance, Danielle me raconta ce qui lui était arrivé tandis qu'elle conduisait de nuit en plein orage. Comme elle ralentissait à l'approche d'un feu, elle remarqua que ses mains s'étaient lentement décrispées sur le volant. Ses jambes et ses pieds étaient également détendus et elle n'écrasait plus frénétiquement le frein. Elle ressentit un pincement de frayeur à la vue d'une voiture remorquant un bateau qui la frôla en la dépassant, mais cette inquiétude était justifiée, et sa crainte avait vite disparu. Elle n'avait plus besoin d'utiliser l'EMT sur elle-même.

Avant de pratiquer l'EMT, Danielle avait vu sa peur des intersections s'étendre à la conduite sur autoroute, mais, après, sa phobie avait complètement disparu. Comment cette apparente disparition peut-elle s'expliquer ? Il arrive souvent qu'une nouvelle thérapie donne des résultats parce que le patient en attend un soulagement. Mais, en l'occurrence, l'EMT n'inspirait ni confiance ni optimisme à Danielle. Pour elle, il s'agissait d'une « poudre de perlimpinpin » moderne. Pourtant, cette thérapie a pratiquement résolu son problème.

L'EMT a-t-elle fonctionné comme une forme de distraction ? Il semblerait que non. Avant le traitement, Danielle avait essayé en vain de détourner son attention de sa phobie et de penser à autre chose. Bien qu'elle ne comprît pas le fonctionnement de la technique, son expérience la convainquit qu'il s'agissait bel et bien d'une méthode de guérison à part entière.

En réalité, que s'est-il passé pendant la séance de Danielle ? L'EMT a probablement fonctionné comme une puissante technique de relaxation qui a réduit sa peur bien spécifique des croisements et de la conduite automobile et déclenché une réévaluation rapide et spontanée de ces situations. Puis, Danielle avait intégré cette nouvelle conception des choses. Six mois plus tard, sa peur de la conduite ne s'était toujours pas ravivée. Une thérapie cognitive comportementale — le traitement le plus efficace contre les phobies — aurait pu donner le même résultat, mais il aurait fallu de quatre à six séances, et non cinq minutes.

L'EMT et les problèmes de couple

Un autre de mes patients, Bertrand, trente-neuf ans, se méfiait, lui aussi, de cette technique. Il se rendait littéralement malade à l'idée d'être trompé par son épouse, qui venait de trouver un emploi. En dépit de la stabilité de son couple depuis quinze ans, ce soupçon infondé l'angoissait. En thérapie, je lui demandai : « Voulez-vous vous débarrasser de cette obsession ? » Il se mit à rire et constata avec résignation : « Je ne crois pas que la jalousie se soigne. » Je lui expliquai l'EMT et en fit une démonstration. Il m'avoua par la suite son grand étonnement : « Je n'y pense plus du tout ! Que s'est-il passé ? On dirait que le problème s'est envolé ! » Deux semaines après la séance, sa peur d'être trompé était demeurée négligeable et ne le perturbait plus. N'ayant plus jamais eu de contacts avec lui, je ne peux affirmer avec certitude que cette angoisse n'a plus réapparu, mais je lui avais enseigné la technique pour qu'il la pratique seul en cas de reprise de la jalousie. J'ai une grande expérience dans le traitement des troubles anxieux, et je peux vous assurer que vivre deux semaines de tranquillité est déjà un résultat impressionnant.

Surmonter la peur de parler en public avec l'EMT

La peur de parler en public est un autre type de stress qui peut être soulagé avec l'EMT. Caroline, spécialiste connue de l'éducation, donnait souvent des conférences, mais elle était toujours très angoissée avant une prestation importante. Même après avoir suivi deux stages qui lui avaient appris à se préparer et à s'organiser, ses interventions restaient guindées et ennuyeuses. Elle n'arrivait pas à leur injecter le ton vivant et amusant de ses conversations. Quand je proposai à Caroline d'appliquer l'EMT à sa peur de parler en public, elle exprima d'abord ses réticences devant une méthode aussi inhabituelle. Pourtant, une séance de cinq minutes réduisit progressivement sa peur : d'abord, elle remarqua que son cou était plus détendu à l'idée de donner une conférence ; puis, elle imagina pouvoir parler de façon efficace ; enfin, avec plus d'assurance, elle cessa de s'angoisser à mesure que l'heure de son intervention approchait. Trois semaines plus tard, c'est avec aplomb et dynamisme qu'elle prit la parole à un congrès d'enseignants. On lui confirma après coup que ses talents de conférencière s'étaient beaucoup améliorés.

Comment l'EMT l'avait-elle aidée ? À la fois comme technique de relaxation durable et efficace qui avait calmé ses appréhensions, et comme technique de visualisation qui lui avait conféré assurance et spontanéité.

J'ai constaté des changements spectaculaires chez plus de deux cents patients avec qui j'ai pratiqué l'EMT. En dix-huit ans de pratique de la psychothérapie, je n'ai jamais utilisé d'autre technique aussi efficace. L'EMT surprend par sa rapidité et son efficacité. On estime en général qu'il faut compter plusieurs semaines, voire des mois ou des années, avant qu'une psychothérapie ne donne des résultats. Avec l'EMT, il suffit parfois de quelques minutes pour obtenir des changements durables sur le plan des émotions.

LES ORIGINES DE L'EMT

L'EMT a été mise au point au début des années 1990 pour diminuer la détresse psychique de personnes souffrant de troubles du stress d'origine post-traumatique ou d'autres problèmes de stress grave[1]. Plus de trois cents personnes ont été formées à l'EMT pour vaincre leur stress et y sont parvenues sans effets négatifs connus. Un des avantages de cette technique est qu'on peut la pratiquer dans toutes les situations ou presque.

1. J. Marquis, « A report on seventy-eight cases treated by eye movement desensitization », *Journal of Behavior Therapy and Experimental Psychiatry*, 1991, n° 22(3), p. 187-192 ; L. Smyth, *Overcoming Post-traumatic Stress Disorder*, Oakland, New Harbinger Publications, 1994 ; J. Wolpe et J. Abrams, « Post-traumatic stress disorder overcome by eye-movement desensitization », *Journal of Behavior Therapy and Experimental Psychiatry*, 1991, n° 22(1), p. 39-43.

Par la suite, l'EMT a évolué selon plusieurs axes. Un des développements de la technique, aujourd'hui appelé EMDR™ (Eye Movement Desensitization and Reprocessing, ou Intégration neuro-émotionnelle par les mouvements oculaires), ajoute à l'EMT un modèle de traitement en huit étapes précises. Certains psychothérapeutes l'ont adopté pour traiter des patients souffrant de troubles du stress d'origine post-traumatique ou d'autres formes de stress. Les ouvrages publiés sur l'EMDR™ contiennent des avertissements nombreux et sérieux aux psychothérapeutes (et davantage encore aux non-psychothérapeutes) qui utiliseraient cette technique sans formation adéquate. Si l'on s'en rapporte au texte destiné aux professionnels et exposant les principes et les pratiques de l'EMDR™, « seuls les professionnels de la santé mentale agréés (...) peuvent appliquer les techniques exposées dans ce livre ». Puis, plus loin : « [L'utilisation de l'EMDR™] exige une formation prodiguée par des instructeurs et dans des séminaires de formation habilités à enseigner l'EMDR™[2]. »

Sinon, on risque de déstabiliser le patient par l'évocation d'événements traumatisants. L'utilisateur non qualifié de l'EMDR™ ne serait sans doute pas en mesure de résoudre une crise psychique potentiellement dangereuse. Le Dr Francine Shapiro, créatrice de l'EMDR™, prévient également que « l'absence de tests, de préparation ou d'application de la technique conformément aux règles peut avoir des conséquences véritablement fatales [tentatives de suicide[3]] ... » Malgré ces avertissements sérieux et ces recommandations alarmantes, je n'ai découvert aucune preuve scientifique de

2. Francine Shapiro, Margot Silk Forrest et David Servan-Schreiber (préface de), *Des yeux pour guérir. EMDR : la thérapie pour surmonter l'angoisse, le stress et les traumatismes,* Seuil, 2005.
3. *Ibid.*

l'existence de tels dangers dans la pratique de l'EMDR™. De plus, en tant que clinicien diplômé formé à cette technique, et l'utilisant depuis une dizaine d'années, je n'ai constaté de réactions négatives chez aucun de mes patients.

Certaines personnes ont pu être perturbées en cours de séance d'EMDR™ ou d'EMT, mais ces réactions sont relativement normales dans toute forme de psychothérapie. D'ailleurs, le trouble suscité par ces méthodes n'est pas plus difficile à gérer et à vaincre que celui qui survient dans le cadre d'autres thérapies. C'est pourquoi je ne souscris pas à l'idée que l'utilisation de l'EMDR™ ou de l'EMT comporte des dangers ou des risques spécifiques.

Le présent ouvrage donne à l'EMT le statut d'une technique à la fois efficace et largement accessible. L'ayant appliquée sur plus de deux cents patients, j'ai pu standardiser et simplifier la procédure pour l'adapter à tout l'éventail ou presque des problèmes liés au stress. Pour l'utiliser à votre tour, vous n'avez pas besoin d'être psychologue, pas plus que vous ne devez suivre une formation approfondie. Je n'adhère pas non plus à l'idée qu'il faille obligatoirement revivre vos souvenirs d'enfance pour aller mieux. Au lieu d'être centrée sur les problèmes liés à un traumatisme, pour lesquels un psychologue expérimenté est mieux indiqué, ma version de l'EMT donne de bons résultats avec n'importe quel type de stress lié au quotidien, aux difficultés relationnelles, aux insatisfactions professionnelles et même aux problèmes de santé chroniques. Une fois que vous aurez maîtrisé l'EMT, je crois que vous conviendrez qu'il s'agit d'une technique efficace et durable de réduction du stress.

ÉTUDE PRÉLIMINAIRE DE L'EMT

Bien que ma conviction des bienfaits de l'EMT soit fondée sur de longues années d'expérience professionnelle, j'admets la nécessité de corroborer mon expérience clinique par une étude scientifique. Psychologue disposant d'une clientèle privée, je finance mes recherches et publie mes résultats dans des revues de médecine et de psychologie. Grâce à ces recherches, mon travail a acquis un certain niveau de reconnaissance et de crédibilité scientifiques.

Je viens de mener à bien une étude préliminaire de l'application de l'EMT sur des patients souffrant de fibromyalgie, maladie difficile à diagnostiquer et à soigner, tant sur le plan médical que sur le plan psychologique. Selon le Dr John Sarno, spécialiste des douleurs chroniques et auteur de *The Mind-Body Prescription,* la fibromyalgie est un syndrome de douleur chronique particulièrement grave. Il se manifeste par des douleurs dans tout le corps et une fatigue persistante susceptibles d'empêcher le patient de travailler et de vaquer à ses activités quotidiennes. Les restrictions imposées par la maladie peuvent ensuite induire un stress et une frustration importants.

Il n'existe aucun remède contre la fibromyalgie, et nombreux sont les médecins qui ne cachent pas leur scepticisme quant à son existence. De ce fait, les personnes qui en souffrent ont parfois des difficultés à trouver un médecin qui propose un traitement, ne fût-ce que pour gérer leurs symptômes physiques. L'absence de reconnaissance médicale du problème s'ajoute ainsi au fardeau déjà lourd qui pèse sur ces patients.

Mon hypothèse était la suivante : si l'EMT était efficace chez des personnes très stressées souffrant de fibromyalgie, elle le serait encore plus pour les tensions de vie quotidienne chez le sujet normal. Six femmes souffrant en moyenne depuis neuf ans et demi de cette maladie proposèrent leur participation. Elles étaient âgées de 37 à 53 ans, quatre étaient mariées et quatre travaillaient à mi-temps. L'étude comportait deux séances d'EMT de quarante-cinq minutes à une semaine d'intervalle, puis une évaluation de suivi trois mois plus tard. Entre les séances, les patientes devaient pratiquer tous les jours l'EMT pour être moins stressées et plus détendues.

Pour vérifier qu'une réelle détente physique était induite par l'EMT pendant les séances, je reliai les patientes à une machine de biofeedback thermique. Ce dispositif mesure la température de la peau de la main grâce à un senseur thermique attaché à l'index. Le biofeedback thermique est une méthode prouvée et objective de mesure du stress physiologique et de la relaxation.

Les participantes étaient également soumises, pendant les séances d'EMT ainsi que lors des visites de suivi, à une batterie de tests écrits pour évaluer leur fonctionnement quotidien et leur niveau d'angoisse, de dépression et de fatigue. Toutes se plaignaient de l'influence considérable que cette maladie avait sur leurs activités quotidiennes et elles éprouvaient toutes des niveaux importants d'angoisse, de dépression et de fatigue. Elles avaient donc très envie d'essayer une technique susceptible d'améliorer leur condition. J'étais, bien entendu, convaincu de son efficacité et je ne voulais pas les décevoir.

Les résultats de l'EMT furent impressionnants. Sur six patientes, cinq connurent une amélioration substantielle de leur état. Les tests écrits effectués au cours des séances faisaient apparaître, en moyenne, les changements suivants pour les six sujets : une diminution de 30 % de l'angoisse, de 29 % de la dépression, de 13 % de l'impact de la maladie et de 11 % de la fatigue. Et ces améliorations furent encore plus prononcées lors de l'évaluation de suivi, trois mois plus tard : une diminution de 47 % de l'angoisse, de 32 % de la dépression, de 19 % de l'impact de la maladie et de 21 % de la fatigue. Les participantes estimèrent que l'EMT les avait considérablement aidées à réduire leur stress, à améliorer leur capacité à gérer et à atténuer la douleur, et ce, dans cet ordre.

Le biofeedback permit de confirmer l'existence d'un lien entre l'EMT et une plus grande détente physique. Cette détente se traduisit par une hausse de la température de référence telle que la mesurait le dispositif de biofeedback. Pendant les deux séances d'EMT, la température de la main des patientes augmenta en moyenne de 4,9 °, augmentation sensible qui vint corroborer l'opinion exprimée par les participantes sur leur niveau de stress.

Comme cette étude ne comprenait pas de groupe témoin à proprement parler (à savoir un groupe recevant un traitement d'une autre nature ou pas de traitement du tout), je ne saurais dire avec une certitude absolue que ces résultats positifs étaient dus à l'EMT. Peut-être que les participantes se trouvaient dans une phase d'amélioration de leur maladie et que leurs progrès se seraient produits en l'absence même de tout traitement. Ou encore, la bienveillance et l'attention prodiguées aux patientes pendant les séances peuvent avoir constitué un important facteur de l'amélioration de leur condition. Après tout, les personnes souffrant de fibromyalgie sont souvent accusées par leur médecin d'être des simulatrices. Le simple fait de parler à un professionnel de la santé sensible à leurs préoccupations peut, en soi, avoir été un facteur de diminution du stress.

Mais même en l'absence de conditions de contrôle adéquates qui m'auraient permis de comparer les résultats obtenus grâce à l'EMT et les résultats d'un autre traitement ou tout simplement d'une écoute attentive, et de respecter un nombre équivalent de séances, je disposais malgré tout de ce que j'appellerai un « groupe témoin informel ». Il s'agissait d'un groupe de quatre personnes souffrant de fibromyalgie qui ont suivi une formation à la gestion du stress en huit séances. Les mêmes tests écrits furent utilisés pour évaluer leurs améliorations. J'ai ensuite comparé ces résultats à ceux du traitement en deux séances d'EMT.

Par rapport au groupe soumis à l'EMT, les quatre personnes souffrant de fibromyalgie eurent plus d'attention active de ma part ainsi que de la part des autres du groupe. Elles bénéficièrent également d'un certain nombre de remèdes confirmés contre la fibromyalgie, y compris une formation à la relaxation, aux techniques cognitives et aux stratégies d'amélioration du sommeil, à l'ergothérapie ainsi que des informations utiles sur la maladie. Ainsi, la comparaison des groupes portait à la fois sur les effets découlant d'une écoute simple des patientes et sur les effets d'un autre traitement comportemental.

Quel est le bilan de la thérapie en huit séances par rapport à l'EMT en deux séances ? D'abord, les résultats initiaux des tests des deux groupes sont comparables : tout le monde souffrait de niveaux élevés d'angoisse, de dépression, de fatigue et d'infirmité. Après les huit séances du groupe de gestion du stress, les tests ne montrèrent aucune diminution de l'angoisse ni de la dépression, une diminution de l'impact de la maladie de 13 % et une diminution de 27 % de la fatigue. En comparaison, les participantes à l'EMT ont connu une amélioration sensible de leur état une semaine après la première séance : une diminution de 30 % environ du niveau d'angoisse et de dépression et une diminution de 11 % de fatigue. Le groupe de gestion du stress et le groupe d'EMT a constaté une atténuation de 13 % de l'impact de la maladie sur la qualité de vie. L'amélioration des sujets du groupe soumis à l'EMT s'avéra encore plus marquée lors de l'évaluation de suivi. Pour être juste, il conviendrait certes d'effectuer un suivi du groupe de gestion du stress au bout de trois mois pour pouvoir établir des comparaisons probantes avec le groupe soumis à l'EMT.

Il n'empêche : deux séances d'EMT semblent être mieux à même de réduire l'angoisse et la dépression que huit séances de gestion du stress en groupe. Elles permettent par ailleurs d'atténuer l'impact de la fibromyalgie sur la qualité de vie aussi efficacement que huit séances de gestion du stress. La gestion du stress semble en revanche donner de meilleurs résultats en matière de diminution de la fatigue. Comme cette étude ne s'appuie que sur un nombre réduit de sujets, je ne sais pas si les résultats seraient les mêmes pour un panel plus vaste. Il serait donc souhaitable de réaliser des études plus étendues et bien contrôlées.

Cette première étude de l'EMT effectuée sur une population connue comme étant difficile à soigner, tant sur le plan médical que sur le plan psychologique, porte à penser que l'EMT peut servir dans un vaste éventail de situations stressantes de la vie courante. Quels facteurs de stress rencontrons-nous au quotidien ? C'est la question à laquelle nous répondons dans le chapitre suivant.

2

LA VIE MODERNE : SURMENAGE ET STRESS

DANS LES ANNÉES 1950, les spécialistes prévoyaient que le progrès économique, fondé sur l'automatisation et l'augmentation de la productivité, entraînerait une réduction constante du temps de travail. L'augmentation du temps libre, conséquence de cette évolution, allait améliorer notre qualité de vie. On estimait à l'époque que, dès les années 1990, nous pourrions choisir entre une semaine de travail de vingt-deux heures, une année de travail de six mois ou la possibilité de prendre sa retraite à trente-huit ans.

Comme ces projections semblent datées aujourd'hui ! Les études les plus récentes montrent que c'est le travail salarié plutôt que les loisirs qui a pris la première place parmi les activités de la majorité des Occidentaux. Juliet B. Schor, économiste à Harvard, soulignait en 1991, dans son best-seller, *The Overworked American,* que dans les vingt années précédentes, le temps consacré par les Américains au travail avait augmenté régulièrement[1,2].

Étant donné que les femmes restent en moyenne célibataires plus longtemps, davantage d'entre elles doivent aujourd'hui travailler à l'extérieur pour subvenir à leurs besoins. Puis, une fois mariées, elles sont obligées de continuer à travailler pour assurer à leur famille un niveau de vie correct. Une étude menée en 1997 par le Dr Linda Luecken et ses collaborateurs au centre médical de l'université Duke confirmait que les femmes conjuguant plusieurs rôles (salariée, épouse et mère de famille) sont celles qui travaillent le plus, leur semaine de travail dépassant parfois de vingt et une heures celle des hommes. Cette étude montrait que la sécrétion de l'hormone du stress, le cortisol, était nettement plus importante chez les salariées mères de famille que chez les femmes non salariées et sans enfant. Linda Luecken a émis l'hypothèse que ces femmes n'avaient pas la possibilité de se détendre le soir, peut-être à cause d'un emploi du temps surchargé. Selon une enquête récente[3] menée auprès de 563 mères de famille salariées, près de la moitié des femmes interrogées se disent stressées une à deux fois par semaine, et 38 % plus de trois fois par semaine.

L'augmentation du stress au travail et l'allongement du temps passé dans les transports se conjuguent avec l'usage de plus en plus répandu du téléphone mobile, de l'ordinateur portable et du bip, tant et si bien que chacun a l'impression de travailler plus que jamais. Malgré le dur labeur des

1. Juliet Schor, *The Overworked American : The Unexpected Decline of Leisure*, New York, Basic Books, 1991.

2. Linda Luecken *et al.*, « Stress in employed women : impact of marital status and children at home on neurohormone output and home strain », *Psychosomatic Medicine*, 1997, N° 59, p. 352-359.

3. A. Cassidy, « What pushes your stress button ? », *Working Mother*, juillet 1996, p. 18-22.

ouvriers, les salariés qui font le plus d'heures sont aujourd'hui les cadres. Sous la poussée de l'économie de l'information, leurs rangs se sont étoffés : 60 % des emplois créés au cours des dix dernières années aux États-Unis sont des postes de direction ou très qualifiés[4]. L'activité de ces salariés s'inscrit dans un cadre légal incertain : on ignore souvent comment doit être rémunéré le temps effectué au travail, ou même s'il doit l'être.

Par ailleurs, la sécurité de l'emploi a disparu dans de nombreux secteurs, y compris aux échelons supérieurs. Même les services publics sont happés par cette tendance. Augmentations, promotions, couverture médicale et même retraites sont de plus en plus menacées par les licenciements économiques, les faillites et la mondialisation de la concurrence. Face à cette déferlante, les salariés sont nombreux à courber l'échine et à redoubler leurs efforts.

La surcharge de travail a des conséquences néfastes sur la santé. Le stress prolongé et non maîtrisé (au travail ou à la maison) peut aboutir à un état d'épuisement accompagné d'atonie, d'irritabilité et d'abattement. Mais ses répercussions vont parfois jusqu'à la crise cardiaque. L'épuisement est peut-être plus courant chez les femmes qui doivent affronter des exigences professionnelles et familiales. Selon Friedberg et Jason (2000), les individus très investis dans un grand nombre d'activités sont les plus exposés au stress et aux maladies, en particulier au syndrome de fatigue chronique et à la fibromyalgie[5]. Ces deux affections débilitantes touchent surtout les femmes.

4. M. W. Walsh, « As hot economy pushes up overtime, fatigue becomes a labor issue », *New York Times,* septembre, 2000.
5. F. Friedberg et L. A. Jason, « Chronic fatigue syndrome and fibromyalgia. Clinical assessment and treatment », *Journal of Clinical Psychology,* 2001.

Les séparations et les divorces, aujourd'hui monnaie courante, constituent une autre source de stress importante. Si, il y a trente ans, on dénombrait moins de 15 % de familles monoparentales, ce pourcentage s'élève aujourd'hui à 30 %[6]. Le parent seul s'inquiète de ne pouvoir consacrer suffisamment de temps à ses enfants tout en travaillant à plein temps pour maintenir un niveau de vie souvent modeste. La moitié des parents affirme désormais ne pas avoir assez de temps pour s'occuper de leur famille.

La vie amoureuse est devenue, elle aussi, dangereuse à cause du développement des maladies sexuellement transmises. Rien d'étonnant si près de la moitié des célibataires, hommes et femmes, ont peur de contracter le sida. Les difficultés de la vie en couple (ou les ruptures) sont aussi sources de contrariété.

Les tensions subies par l'individu se traduisent encore une fois par un épuisement tant physique qu'affectif. Et pourtant, nous nous accordons rarement le luxe de nous détendre régulièrement pour récupérer et nous reposer. Nous préférons essayer d'évacuer le problème du stress en nous organisant mieux et en travaillant encore davantage.

STRESS ET MALADIES

Tous ces facteurs peuvent avoir un impact profond sur la santé physique et psychique. On estime que 50 % à 80 % de toutes les affections sont liées au stress. Dans son ouvrage déjà évoqué, Juliet Schor affirme que l'augmentation des troubles liés au stress constatée depuis une vingtaine d'années est imputable au surcroît de travail. On a découvert des rapports multiples entre le stress et un certain nombre de maladies,

6. Robert Reich, *The Future of Success*, New York, Knopf, 2001.

dont les troubles de l'angoisse et les phobics, les maux de tête chroniques, les douleurs dorsales et articulaires, les troubles du sommeil, les problèmes sexuels et la fatigue chronique.

Le stress psychique peut déclencher ou aggraver des symptômes d'angoisse, des crises de panique et des phobies invalidantes, y compris la peur de conduire ou de parler en public. Cinquante pour cent des personnes souffrant de migraines citent le stress comme principal agent de leur condition. D'autres douleurs chroniques sont liées à une vie stressante, qui peut déclencher et aggraver l'arthrite rhumatoïde, par exemple. Des facteurs psychiques jouent également un rôle dans le déclenchement et l'aggravation des douleurs du dos. Le stress fait aussi des ravages du point de vue de la qualité du sommeil. Non seulement les Américains dorment-ils soixante à quatre-vingt-dix minutes de moins qu'il n'est nécessaire à un sommeil réparateur, mais ils emmènent souvent leur stress au lit en réfléchissant à leurs problèmes professionnels, financiers et familiaux. Ces préoccupations intruses perturbent encore le sommeil. Résultat : le sentiment de bien-être diminue, la concentration fléchit et la motivation faiblit.

Quelles sont les conséquences à long terme de notre mode de vie hyperactif ? Le stress psychique aigu et chronique a des répercussions sur les maladies cardiaques. Le Dr Redford Williams, spécialiste des maladies cardiovasculaires, a conclu dans son célèbre livre, *Anger Kills,* que la colère permanente peut être un important facteur des maladies cardiaques[7]. Le Dr James A. Blumenthal, professeur de psychologie médicale à la faculté de médecine de l'université Duke, a récemment signé avec des confrères une étude sur les facteurs psychiques

7. R. B. Williams et P. W. Williams, *Anger Kills : Seventeen Strategies for Controlling the Hostility That Can Harm Your Health,* New York, Harperperennial Library, 1994.

des maladies cardiaques, publiée dans l'éminente revue médicale de cardiologie *Circulation*[8]. L'article conclut qu'il existe des preuves incontestables que la colère, le stress, la dépression et l'isolement contribuent aux maladies cardiovasculaires. Le stress psychique peut aussi favoriser la progression de la cardiopathie chez les patients ayant eu des crises cardiaques. Une autre étude montre que le stress psychique constitue un facteur déclenchant de la crise cardiaque chez 50 % des patients hospitalisés[9] .

Des signes inquiétants laissent penser que le déclin du taux des décès dus aux maladies cardiaques, amorcé dans les années 1960, s'est arrêté et que la tendance pourrait même s'inverser. Pour la première fois depuis des décennies, le taux de décès dû aux maladies cardiaques a légèrement augmenté aux États-Unis de 1992 à 1993. Bien que l'on ne comprenne pas exactement la cause de cette augmentation, on pourrait l'attribuer, en partie, au surmenage au travail et au stress lié au mode de vie contemporain.

Des recherches récentes sur l'impact des facteurs de stress sur le cancer indiquent que l'état d'esprit du patient aurait un effet sur l'évolution de sa maladie. Dans une étude importante et bien conçue, le Dr M. Wirsching et ses confrères (1982) ont découvert que plus de 70 % des patientes d'un groupe de 56 femmes souffrant du cancer du sein avaient une prédisposition marquée à fuir les problèmes et les conflits. Elles niaient complètement leurs intérêts et se sacrifiaient pour les autres. En réaction au stress, elles étouffaient davan-

---

8. A. Rozanski, J. A. Blumenthal et J. Kaplan, « Impact of psychological factors on the pathogenesis of cardiovascular disease and implications for therapy », *Circulation,* 1999, n° 99, p. 2192-2197.

9. D. S. Krantz, W. J. Kop, H. T. Santiago et J. S. Gottdiener, « Mental stress as a trigger of myocardial ischemia and infarction », *Cardiology Clinics,* 1996, n° 14, p. 271-287.

tage leur colère que celles du groupe témoin. Elles donnaient également une plus grande importance à l'influence des événements sur leur vie. Les auteurs de cette étude émettent l'hypothèse que le stress inhibe le système immunitaire et favorise la prolifération de cellules anormales. Ces découvertes, confirmées dans des études ultérieures, font apparaître un lien entre le cancer du sein et certains traits de caractère et certaines réactions au stress. Il faudra, bien sûr, d'autres études pour déterminer si ces facteurs sont effectivement une cause de ce type de cancer.

La diminution du stress et ses effets

Les thérapies destinées à réduire le stress aident à lutter contre le stress de la vie quotidienne, le stress provenant de problèmes de santé et les maladies elles-mêmes. Ces traitements visent à atténuer les tensions physiques et psychiques qui peuvent favoriser ou aggraver des maladies ou des troubles chroniques. Parmi eux, on trouve la thérapie comportementale cognitive, la gestion du stress et la relaxation.

La diminution du stress peut servir à soigner les troubles de l'angoisse, dont l'angoisse généralisée, les phobies graves et les crises de panique. De nombreuses études menées sur la thérapie cognitive comportementale et la relaxation font état d'une atténuation importante des symptômes débilitants, y compris de l'angoisse permanente, des crises de panique et de l'irritabilité. Les personnes souffrant de phobies, dont la peur de conduire ou de parler en public, parviennent à les surmonter. Les migraines peuvent elles aussi être mieux gérées et même diminuées grâce aux techniques de relaxation et de biofeedback, traitement favorisant la détente. Enfin, une étude effectuée avec groupe de contrôle sur le rapport entre stress et arthrite rhumatoïde a montré une réduction importante de l'intensité de la douleur, de l'inflammation et du marqueur de la progression de la maladie dans les analyses de sang. Plusieurs autres études ont confirmé ces conclusions.

Les maladies cardiaques

Le stress pouvant être un facteur important dans les maladies cardiaques, la rééducation des cardiaques comporte parfois une formation à la réduction du stress. Plusieurs études cliniques montrent qu'une maîtrise efficace du stress permet de limiter l'impact de celui-ci sur les maladies cardiaques. Ainsi, le Dr Meyer Friedman et ses confrères de l'université de Californie ont pu réduire de 50 % la fréquence d'une deuxième crise cardiaque grâce à une formation destinée à diminuer le niveau de colère et d'angoisse du patient[10].

Le cancer

Deux études importantes sur la thérapie de groupe pour patientes souffrant du cancer du sein, et qui comprenaient toutes les deux un module de diminution du stress, ont prouvé que celle-ci intervenait dans l'amélioration de la qualité de vie de la patiente. Une étude connue réalisée au cours des années 1980 par le Dr David Spiegel, psychiatre de l'université Stanford, et ses collaborateurs a montré que les patientes ayant participé aux programmes de soutien visant à diminuer le stress vivaient plus longtemps que les autres[11]. Ces résultats furent confirmés par une étude ultérieure de 1993 dirigée par le Dr F. I. Fawzy, de la faculté de médecine de l'UCLA. Cette étude, qui concernait soixante-huit cancé-

---

10. M. Friedman *et al.*, « Alteration of Type A behavior and its effect on cardial recurrence. Summary results of the recurrent coronary prevention project », *American Heart Journal,* 1986, n° 112, p. 653-665.
11. D. Spiegel *et al.*, « Effect of psychological treatment on survival of patients with metastatic breast cancer » *Lancet,* 1989, n° 2 (8668), p. 888-891.

reux (souffrant de mélanome, cancer de la peau qui peut être mortel), comprenait une thérapie de groupe de six séances échelonnées sur six semaines. La thérapie s'articulait autour de l'information, de la résolution de problèmes, de la diminution du stress, de la relaxation et de la solidarité au sein du groupe. Six mois après la fin du traitement, le système immunitaire des patients du groupe traité s'était considérablement amélioré, comparé à celui des patients du groupe témoin. Un suivi de ces patients pendant six ans fit apparaître une récurrence infiniment moindre du cancer et un taux de décès plus faible que chez ceux du groupe témoin.

La diminution du stress peut aussi contribuer à lutter contre les effets secondaires de la chimiothérapie. Plusieurs études ont montré que la relaxation et la visualisation guidée peuvent être utilisées pour gérer l'angoisse, les nausées et les vomissements qui y sont associés.

L'EMT, TECHNIQUE DE DIMINUTION DU STRESS CONFIRMÉE

Dans les études évoquées ci-dessus, il faut deux séances quotidiennes de vingt minutes pour que les techniques ordinaires de relaxation recommandées parviennent effectivement à diminuer le niveau de stress des malades. Il faut encore davantage de temps pour assimiler les techniques comportementales cognitives, comme les stratégies d'ajustement, la pensée positive ou les exercices de visualisation destinés à modifier les croyances et les comportements générateurs de stress. Toutes ces méthodes exigent de la pratique et des efforts sur une durée allant de plusieurs semaines à plusieurs mois.

De son côté, l'EMT est capable de produire la plupart des bienfaits de la relaxation et des techniques comportementales en quelques minutes seulement. La détente qu'elle procure peut augmenter le sentiment de bien-être et diminuer le stress avec la même efficacité que les techniques traditionnelles de relaxation. Par ailleurs, l'EMT permet d'accélérer le long processus de changement des comportements qui les caractérise dans la mesure où elle exploite la capacité innée de l'individu à réduire la détresse psychique et à résoudre les problèmes au quotidien. Pourquoi est-ce si important ? Parce qu'un grand nombre de données portent à penser que les soucis quotidiens (au travail ou à la maison) mettent davantage la santé en danger que les problèmes graves. La capacité à se déstresser rapidement face aux contrariétés du quotidien apporte non seulement une amélioration de la santé, mais aussi un sentiment de bien-être et de maîtrise de soi.

Les problèmes les plus importants que l'Occidental stressé doit affronter au quotidien se répartissent en trois catégories :

1. les facteurs de stress personnel comme l'angoisse, la dépression, la colère ou la culpabilité ;
2. les problèmes relationnels comme les tensions dues à la transition du milieu de vie, les conflits conjugaux et relationnels ou l'insatisfaction au travail ;
3. les problèmes de santé, dont le stress lié à certaines maladies comme la douleur chronique, les maux de tête, la fatigue chronique, les troubles du sommeil, les problèmes sexuels.

J'ai pu constater que l'EMT permet de soulager de façon notable les difficultés, voire d'y mettre fin. Même si leurs problèmes existent depuis longtemps, les personnes qui me consultent veulent souvent des solutions rapides. L'EMT leur apporte effectivement un soulagement immédiat.

Le travail thérapeutique que j'ai effectué sur mes patients prouve que 75 % à 80 % d'entre eux réagissent positivement à l'EMT et que les améliorations sont durables. L'EMT permet de diminuer le stress psychique et de réorienter la pensée sur une voie positive, rationnelle et optimiste. Tout le monde peut apprendre facilement cette technique, découverte il y a une dizaine d'années. Le chapitre 5 vous montrera comment l'utiliser pour atténuer votre stress et résoudre rapidement vos problèmes.

COMMENT L'EMT M'A AIDÉ

L'EMT m'a aidé à mieux gérer mon rythme de vie hyperstressé et à résoudre des problèmes personnels. Exemple : la fin d'une longue relation de couple m'avait humilié, déçu et rempli de colère. On dit en général qu'il faut environ un an pour faire le deuil d'une relation importante. L'EMT m'a permis de rendre cette année plus acceptable, moins pénible et m'a insufflé plus d'espoir que je n'en aurais eu autrement. Cette technique, que j'ai pratiquée seulement quelques minutes par semaine, m'a permis de rester optimiste et de panser les plaies de mon amour-propre blessé. C'est ce que j'ai constaté chaque fois que j'y avais recours. Résultat, j'ai pu me concentrer davantage sur mon travail et profiter d'autres activités sans être hanté par le souvenir de cette rupture. J'ai aussi utilisé avec succès l'EMT pour diminuer mes inquiétudes financières, pour me calmer après une dispute et même pour trouver plus vite le sommeil.

3

L'EMT, QU'EST-CE QUE C'EST ?

EMT EST L'ACRONYME de Eye Movement Technique (technique des mouvements oculaires). C'est une méthode tout à fait inédite d'autotransformation qui utilise des mouvements rythmiques des yeux ou des tapotements sur les mains ou les genoux. Elle ouvre la voie à une réduction rapide du stress, des conflits et des émotions négatives ; elle vous permettra, en plus, de résoudre des problèmes persistants. Les exemples suivants devraient démontrer son efficacité.

Il y a quelques années, j'avais accepté de servir de cobaye pour une séance d'EMT. C'était pour moi un premier contact avec la technique. On me demanda d'évoquer un problème personnel stressant, mais non écrasant. Je pensai à la colère que j'éprouvais contre le responsable du programme de sports pour adultes dans le cadre duquel je donnais des cours de massage le week-end. C'était un travail difficile, mais mon responsable, Georges, me faisait comprendre par ses réactions qu'il voulait me mettre dehors (c'était du bénévolat !). Le fond de l'affaire était qu'il ne me concédait qu'au compte-gouttes les week-ends libérés que je lui demandais alors que les autres membres de l'équipe obtenaient l'emploi du temps qui leur convenait. J'avais du mal à lui en parler, car il n'avait jamais de temps à me consacrer et ne répondait pas à mes messages téléphoniques. J'étais très contrarié.

Pendant la séance d'EMT, je me concentrai sur ce problème en repassant mentalement l'une de mes rencontres avec Georges, et je revécus le stress que suscitait cette situation. Le thérapeute agita sa main devant mon visage et je suivis des yeux ce mouvement. Presque aussitôt, je sentis reculer mon stress, mon irritation et ma colère. Vers la fin de la première série de mouvements oculaires, je commençai à sourire et même à rire. J'étais abasourdi par le résultat ! En quatre-vingt-dix secondes environ, de l'agacement et de la colère, j'étais passé au rire.

Que s'était-il passé ? L'opinion que j'avais de Georges avait complètement changé ! J'envisageai maintenant de l'aborder d'une façon directe, positive et assurée, au lieu d'être sur la défensive et intimidé. Je me proposai de lui demander si j'avais fait quelque chose d'incorrect ou de répréhensible afin de savoir ce qu'il me reprochait.

C'est ce que je fis au bout d'une semaine. Cette fois, je fus très ferme avec lui. Je ne le laissai pas se dérober comme à l'habitude. Il finit par dire que j'étais arrivé en retard pour un cours de massage — un an plus tôt — et qu'il m'en voulait toujours ! Je suis persuadé qu'il avait d'autres griefs contre moi, mais il ne m'en parla pas. Cette conversation brisa la glace entre nous et son attitude envers moi changea de façon sensible dans les semaines qui suivirent. Il accepta plus volontiers de modifier mon emploi du temps à ma convenance. Je n'ai jamais su ses autres reproches, mais cela n'avait plus d'importance. Ma nouvelle confiance en moi avait porté ses fruits.

Mes idées, mes sentiments et mes actes avaient-ils changé grâce à la EMT ? Je le pense. Ces changements seraient-ils survenus même si je n'avais pas utilisé cette technique ? Je ne crois pas. Cela faisait des semaines que je remâchais le problème sans y trouver de solution. Peut-être un bon psychologue ou un ami proche aurait-il pu me donner le même conseil. Mais il me semble que seule l'EMT pouvait produire une résolution aussi rapide du problème (en quatre-vingt-dix secondes !) et éliminer toute la tension nerveuse qui y était liée. L'EMT mit fin à ma frustration et m'orienta vers une solution, solution que je connaissais peut-être inconsciemment, mais c'est l'EMT qui me permit de la découvrir.

QUAND VOUS ÊTES EN COLÈRE CONTRE LE MONDE ENTIER

Chris, petit bout de femme de trente-neuf ans, était pratiquement tout le temps en colère. Certes, elle avait des raisons valables de l'être : elle en voulait à son mari, qui venait de mourir, de l'avoir « quittée », elle en voulait à certains membres de sa belle-famille d'avoir revendiqué une part de son héritage, elle en voulait à une amie de ne pas lui avoir rendu l'argent qu'elle lui avait emprunté. Sa réaction à toutes les contrariétés, ou presque, était de se fâcher aussitôt, et elle avait du mal à se rasséréner. Pourquoi ? Parce que cela lui donnait le sentiment d'être dans son bon droit et lui épargnait de devoir regarder en face la stagnation de sa propre existence.

Je la suivais en psychothérapie, mais au bout d'un an elle écumait toujours autant de rage. Je ne parvenais pas à pénétrer ce mur fortifié d'émotions. J'essayai alors l'EMT et, effectivement, la technique produisit des résultats, mais ils furent tout à fait inattendus. Je n'avais aucunement suggéré les nouvelles idées qui lui vinrent en tête. Elle se mit à penser à des moyens de prouver à quel point « les autres avaient tort », étaient insensibles et malhonnêtes. Elle imaginait avec satisfaction qu'ils finiraient par obtenir la juste rétribution de leurs mauvaises actions. Ces punitions étaient une sorte de défense. À chaque nouvelle intégration neuro-émotionnelle d'un incident grâce à l'EMT, sa colère finit par être réduite pratiquement à néant. Il fallut pour cela une séance de quinze minutes.

UNE SOLUTION FACILE EN CAS D'ATERMOIEMENTS

Nadine avait repris des études universitaires à trente-six ans. Elle attendait toujours la dernière minute pour préparer un examen ou rédiger un résumé, et elle se sentait alors accablée par l'ampleur de la tâche à accomplir dans un temps aussi limité, même si, en général, elle parvenait à boucler son travail dans les délais et à maintenir une moyenne correcte.

Pourtant, ces préparations de dernière minute et ces séances d'étude qui duraient toute la nuit ne la satisfaisaient pas.

Ces atermoiements sont monnaie courante chez les étudiants. Combien de séances de psychothérapie lui aurait-il fallu pour résoudre le problème ? Probablement entre cinq et dix séances. Or, Nadine découvrit les raisons inconscientes de cette habitude contrariante et, pour l'essentiel, la surmonta en une seule séance d'EMT. Ce ne fut pas moi qui lui donna la clé de son blocage, mais la technique elle-même.

Pourquoi ces atermoiements ? Le mécanisme se déroulait ainsi : son travail devait être parfait avant qu'elle ne puisse le rendre. Si elle disposait d'un long délai et qu'elle obtenait une mauvaise note, cela prouvait qu'elle était bête. Mais si elle attendait le dernier moment, la mauvaise note pouvait être imputée au manque de temps et non au manque d'intelligence.

En poursuivant l'EMT, Nadine se souvint des encouragements de ses professeurs et d'un prix de rédaction obtenu l'année précédente. C'est son impression grandissante d'être quelqu'un d'efficace qui fit peu à peu diminuer son niveau de stress. Si elle se donnait une semaine entière pour terminer un devoir, elle pourrait faire un bon travail sans être bousculée. Je lui demandai : « N'avez-vous pas besoin de la justification du manque de temps pour éviter de vous croire stupide en cas de mauvaise note ? » Elle répondit par une idée simple et radicale, mais complètement nouvelle pour elle : une mauvaise note reçue malgré ses efforts ne signifierait pas qu'elle était stupide. À la fin de la séance, sa peur d'être bête avait été complètement évacuée de son esprit ; qui plus est, le stress que lui causait le problème avait pratiquement disparu.

La semaine suivante, elle m'apprit qu'elle avait mené à terme un devoir et l'avait mieux préparé qu'à l'habitude. Elle n'avait pas attendu le dernier moment. Nadine fut surprise et soulagée de ne pas s'être imposé un supplice de dernière minute, comme par le passé.

AFFRONTER LES PROBLÈMES AVEC PLUS DE SÉRÉNITÉ

Laurence était mariée depuis dix ans et était heureuse en ménage. Elle tirait de son travail d'audit dans une administration autant de satisfactions sur le plan professionnel que sur le plan humain. Son mari, qui venait de perdre son emploi d'ingénieur quelques mois auparavant, avait accepté un poste qui ne lui plaisait pas et pour un salaire inférieur de moitié à son salaire précédent. Ce revers de carrière le déprimait et le contrariait.

Bien que Laurence fût aussi positive et encourageante que possible, elle se sentait coupable et triste de ne pouvoir lui remonter le moral. Elle était convaincue de devoir le réconforter, mais elle se rendait compte que, à se torturer de la sorte, elle se faisait du tort, sans pour autant aider son mari. Ainsi accepta-t-elle d'essayer une séance d'EMT pour diminuer son stress. Après une seule série de tapotements, elle se mit à rire doucement et déclara : « Réflexion faite, la situation n'est pas si grave que ça. Mon mari finira par rebondir. Je fais tout ce que je peux pour l'encourager. Que puis-je faire de plus ? » Son stress avait complètement disparu et elle était plus contente qu'elle ne l'avait été depuis des semaines.

LES QUESTIONS LES PLUS COURANTES CONCERNANT L'EMT

L'EMT n'est pas ...

L'EMT n'est ni une philosophie de vie, ni une panoplie de principes de développement personnel ni une recette de bonheur. C'est un catalyseur de changements qui exploite la capacité naturelle de la psyché à solutionner des problèmes. Au cours d'une séance d'EMT, vous n'assisterez pas à la dissection de problèmes personnels complexes comme dans une séance classique de psychothérapie. La méthode EMT en elle-même permet d'identifier l'étendue du problème et révèle de nouvelles solutions plus efficaces.

Comment l'EMT peut-elle m'aider ?

L'EMT permet de réduire le stress et de résoudre des conflits d'ordre affectif. Elle peut littéralement déraciner des émotions négatives et stressantes. À mesure que votre stress disparaît, l'EMT vous permet d'avancer spontanément vers la solution de votre problème. Des possibilités rationnelles se proposent naturellement à vous. En effet, lorsque vous

« connaissez » inconsciemment une meilleure solution à un problème donné, le stress vous empêche d'en prendre conscience. Autre cas de figure, vous êtes déjà conscient d'une solution juste ou meilleure, mais elle vous stresse ou vous pose problème, si bien que vous ne parvenez pas à la mettre en œuvre. Avec la diminution du stress grâce à l'EMT, vous commencerez à voir et à accepter cette meilleure solution. L'EMT vous permet simplement d'en prendre conscience ou renforce votre capacité à la mettre en œuvre.

Il ne s'agit pas de vous forcer à modifier vos convictions ou à maîtriser votre stress. Par sa facilité et sa simplicité, cette technique conforte au contraire votre capacité naturelle à résoudre les problèmes. C'est là une innovation importante dans le domaine du développement personnel. Dans le chapitre 4, je décris six types de changements différents sur le plan thérapeutique qui vous donneront une idée plus claire du fonctionnement de l'EMT.

Ces changements sur le plan affectif exigent-ils une forte motivation, des efforts suivis et une autodiscipline soutenue pendant de longues périodes ?

Normalement oui. Cependant, l'EMT est une technique facile à utiliser et qui, avec peu d'efforts, vous permettra de vous débarrasser définitivement, ou presque, du stress indésirable. Mais vous avez raison d'être sceptique. J'ai utilisé l'EMT avec près de 200 de mes patients ; 75 % à 80 % d'entre eux en ont tiré des bienfaits importants et durables. La percée que constitue l'EMT vient peut-être du fait qu'elle réduit à néant l'idée reçue selon laquelle il faut consentir beaucoup d'efforts pour maîtriser le stress. Grâce à l'EMT, les souffrances affectives, quelle que soit leur gravité, peuvent être soulagées, et ce, souvent en cinq minutes. Un soulagement aussi instantané peut effectivement régler le problème. Et même quand elle ne débouche pas sur une guérison à proprement parler, l'EMT permet néanmoins de trouver des solutions indolores sur le plan affectif. Est-ce pour autant un « remède express » ? Tout à fait ! Apprendre à réduire le stress permet, dans une grande mesure, de bien fonctionner et d'être heureux. Alors, s'il est possible de diminuer votre niveau de stress aussi rapidement et aussi facilement, pourquoi ne pas essayer ?

L'EMT est-elle une technique sans danger ?

Hormis le cas où vous souffririez de traumatismes, vous pouvez apprendre vous-même cette technique et l'utiliser pour tous les types de problèmes. Les personnes victimes de traumatisme doivent, elles, s'adresser à un psychologue expérimenté. En une dizaine d'années de pratique d'EMT, j'ai eu maintes fois la confirmation que le stress d'origine affective peut être soigné au cours d'une simple séance de quarante-cinq minutes, et souvent de quinze minutes. Il m'est arrivé, à l'occasion, d'enseigner à mes patients la pratique autonome de l'EMT en cas de problèmes persistants. Je me suis rendu compte ainsi que, lorsque la technique était enseignée correctement, les patients commençaient à l'appliquer à de nouveaux problèmes, y compris bien après la fin de la thérapie. L'utilisation autonome de l'EMT donnait les mêmes améliorations que les séances d'EMT en thérapie.

En ce qui concerne les réactions négatives, je n'ai connaissance que d'un cas parmi les 200 patients que j'ai traités avec l'EMT. La personne en question fut à plusieurs reprises la proie d'une angoisse inexpliquée en utilisant la technique. Les raisons de cette angoisse n'ont pas été élucidées, mais elle fut soulagée facilement grâce à des méthodes de relaxation courantes (voir chapitre 13). Ainsi donc, au cas, peu probable, où l'EMT vous perturberait, la solution la plus simple consiste à mettre terme à la séance avec une séance d'autorelaxation.

Que se passe-t-il si j'utilise l'EMT pour un problème présent alors que je souffre par ailleurs d'un traumatisme non résolu ?Y a-t-il des risques ?

J'ai utilisé l'EMT pour réduire le stress chez des patients victimes de traumatismes anciens mais qui ne souffraient d'aucun symptôme lié à ceux-ci. Dans de rares occasions, l'EMT peut favoriser la réminiscence de traumatismes passés et qui se révèlent en rapport avec problème présent. Ces résurgences du passé surviennent très rarement pendant une séance d'EMT. Dans la plupart des cas, les victimes de traumatisme sont conscientes de ce qui leur est arrivé et, par conséquent, ne risquent pas de subir un choc lors d'une réminiscence brutale de ces événements. Dans une minorité de cas, cependant, où de larges pans du passé sont réprimés et inconscients, l'EMT peut déclencher choc et surprise. Dans le chapitre 5, je donne une liste précise d'indications à suivre pour gérer les intrusions de souvenirs traumatiques qui émergeraient en cours de traitement. Attention ! S'il s'agit de symptômes actifs liés à un stress d'origine post-traumatique, et si l'EMT donne naissance à des idées ou des émotions troublantes, ne poursuivez pas votre pratique sans consulter préalablement un psychologue expérimenté. N'essayez pas de vous soigner vous-même si vous souffrez de symptômes tels que : hallucinations, sautes d'humeur brusques, idées suicidaires ou homicides. Là encore, consultez un psychologue professionnel.

N'est-il pas irresponsable de conseiller une technique qui présente de tels risques ?

Des expériences douloureuses peuvent être ravivées de nombreuses façons. Ainsi, certaines victimes de traumatismes ou d'abus sexuels lisent des ouvrages abordant ces problèmes (comme *les Parents toxiques)* et qui peuvent déclencher des souvenirs pénibles. Même chose en ce qui concerne les émissions de télévision sur les enfants victimes de sévices sexuels. L'autohypnose ou la relaxation apprises à partir d'un livre peuvent également mener à la découverte d'un traumatisme passé. Vous n'êtes pas obligé de vous attarder sur de tels exposés, mais vous pouvez aussi le faire en jugeant le risque acceptable (à supposer que vous ayez de tels souvenirs). Avec l'EMT, vous prenez aussi le risque (minime) de revivre un événement passé. Tant que vous connaissez le risque encouru, vous pouvez faire le choix éclairé d'utiliser ou non cette technique (voir l'avertissement compris dans la réponse à la question précédente, qui vous aidera à décider si l'EMT vous convient ou si une psychothérapie serait mieux adaptée à votre cas).

Quels problèmes peuvent être résolus grâce à l'EMT ?

Cette technique permet de soulager presque tous les types de stress ainsi que les symptômes physiques et affectifs qui en découlent, et quelle qu'en soit la cause déclenchante. Elle peut être appliquée à un large éventail de problèmes, dont l'angoisse, l'inquiétude, les phobies, les crises de panique, la dépression, la colère chronique et les tensions physiques chroniques. L'EMT aide à atténuer des problèmes de santé comme les douleurs et la fatigue chroniques, ou les maux de têtes liés au stress. L'EMT agit bien sur le stress au travail, les problèmes de l'âge mûr, les mutations importantes, les conflits conjugaux et les problèmes relationnels.

Quelles sont les limites de l'EMT ?

En dépit de sa capacité à soulager rapidement le stress, elle ne vous aidera pas à renforcer votre volonté, pas plus qu'elle ne changera la structure fondamentale de votre personnalité. Mais elle révélera des solutions à des problèmes rebelles qui vous empoisonnent depuis trop longtemps.

L'EMT ressemble-t-elle à l'hypnose, à la visualisation, à la relaxation ?

J'estime que l'EMT est foncièrement différente des autres méthodes permettant d'influer sur les émotions. Même si elle ressemble superficiellement à l'hypnose — les mouvements rythmiques des mains du thérapeute peuvent évoquer certaines inductions hypnotiques —, l'EMT produit des changements tout à fait spontanés dans les pensées et les sentiments, et qui ne sont guidés que de façon très marginale par le thérapeute. L'hypnose est structurée par l'hypnotiseur pour obtenir un but précis, mais mon expérience m'a prouvé que le soulagement obtenu ne dure pas longtemps. L'EMT, pour sa part, résout le conflit personnel et tout le stress qui lui est lié.

À l'instar de l'hypnose, la visualisation est formulée en fonction d'un but bien défini, comme la préparation mentale pour trouver un emploi, changer des habitudes alimentaires, améliorer des performances sportives… Mais, là encore, le contenu de la visualisation est essentiellement orienté par le thérapeute ou découle d'un contrat passé entre celui-ci et le patient. L'EMT, elle, exploite l'entière capacité créative du patient (avec un minimum de directives du thérapeute) pour réaliser ses objectifs personnels.

De fait, la relaxation et l'EMT ont des ressemblances. L'EMT est une technique de relaxation efficace qui peut être utilisée uniquement pour ses effets calmants. Mais j'estime que, contrairement aux techniques de relaxation habituelles, l'EMT parvient à instaurer un calme profond plus rapidement et plus facilement. Dans le chapitre 12, je montre comment l'EMT peut être utilisée comme technique de détente en lieu et place des techniques courantes pour se détendre, évacuer et gérer le stress et lutter contre les insomnies.

L'hypnose, la visualisation et les techniques de relaxation ont toutes montré leur validité comme moyen d'affronter le stress et de favoriser la pensée positive. On obtient parfois de bons résultats en conjuguant ces techniques avec l'EMT.

Pourquoi préférez-vous utiliser les tapotements du doigt à la place des mouvements oculaires ?

Le « E » et le « M » de EMT représentent Eye et Movement, et, à l'origine, cette technique était fondée sur les mouvements des yeux. J'en utilise la version originale dans les rares occasions où les tapotements des doigts ne donnent pas de résultats. Mais je préfère la méthode des tapotements pour plusieurs raisons :

- c'est plus facile et plus simple que de répéter des mouvements latéraux des yeux pendant quelques minutes et cela exige moins d'effort ; en outre, certaines personnes n'arrivent pas à faire bouger leurs globes oculaires de droite à gauche ;
- les tapotements risquent moins de déclencher des réactions négatives, d'autant que les mouvements oculaires peuvent induire des maux de têtes chez les personnes qui y sont sujettes ;
- les tapotements se sont révélés tout aussi efficaces que les mouvements des yeux pour lutter contre le stress et résoudre les problèmes.

Quelle est l'efficacité de l'EMT ?

À l'aide de l'EMT, j'ai suivi des patients sur des durées allant d'un mois à un an, et pour traiter les problèmes les plus divers : angoisse, inquiétude, colère persistante, fatigue et douleurs chroniques, conflits conjugaux et stress professionnel. Environ 80 % de mes patients affirmèrent par la suite que le problème de départ ne les gênait plus, ou ne les gênait plus qu'à un degré négligeable. Comme il s'agissait en outre de difficultés présentes depuis longtemps, le taux de réussite m'impressionna. On peut certes penser qu'un problème passager finira tôt ou tard par se résoudre, qu'il soit traité ou non avec l'EMT. Mais quand la solution de problèmes qui persistent depuis des mois ou même des années survient à la suite de l'application d'une technique — en l'occurrence, l'EMT —, il y a de grandes chances pour que celle-ci soit à l'origine du changement.

L'élimination du stress grâce à l'EMT est-elle définitive ?

Dans la plupart des cas, la réponse est « oui ». J'ai toujours du mal à comprendre comment d'importantes tensions d'ordre affectif peuvent être éliminées aussi facilement. Et je ne peux affirmer avec une absolue certitude que les problèmes traités avec l'EMT ne referont jamais surface. Mais, dans mon expérience, les problèmes ne resurgissent pas ou, s'ils le font, ils sont accompagnés d'une tension moindre.

Qui peut pratiquer seul l'EMT ?

La technique est simple et s'apprend aisément. Presque tout le monde peut l'appliquer avec succès à des problèmes personnels.

À qui la pratique autonome de l'EMT est-elle déconseillée ?

Comme je l'ai déjà expliqué, les victimes d'un traumatisme non résolu ou de symptômes de stress d'origine post-traumatique (souvenirs déstabilisants d'événements passés, cauchemars, troubles du sommeil, réactions de panique, angoisses et tensions pratiquement constantes) ne doivent pas utiliser seules l'EMT. La pratique autonome de cette technique est également déconseillée aux personnes souffrant de troubles de dissociation (personnalités multiples), de psychoses comme la schizophrénie ou les troubles bipolaires (névrose maniaco-dépressive) ou de troubles de la personnalité « borderline » (personnalité qui oscille entre la névrose et la psychose). Pourquoi ? Parce qu'elles courent un plus grand risque de dérapage. Pour tous ces problèmes, il faut consulter un psychothérapeute expérimenté.

AU SUJET DE CET OUVRAGE

À la lecture des témoignages d'utilisateurs de l'EMT, vous serez peut-être frappé par les changements spectaculaires survenus dans leur façon de penser, leurs sentiments et leurs réactions au stress. Ces transformations ont été si rapides qu'elles peuvent sembler incroyables. Et pourtant, elles ont effectivement eu lieu.

Elles n'ont exigé qu'un effort minime de la part du thérapeute et du patient. Le thérapeute s'est borné à délimiter le problème, puis à appliquer l'EMT. Le problème ciblé fut résolu avec un coaching ou des indications sommaires. Si vous suivez les indications du chapitre 5, vous pourrez appliquer la technique sur vous-même. Grâce à l'EMT, vous découvrirez votre capacité innée à vous débarrasser du stress et à résoudre vos problèmes. Une fois que vous aurez appris cette technique, je pense que vous serez convaincu de son efficacité.

4

POURQUOI L'EMT EST-ELLE EFFICACE ?

ON IGNORE quels sont les véritables mécanismes de l'EMT, et ce, malgré les études menées actuellement sur les changements d'ordre physique et psychologique qui surviennent pendant le déroulement d'une séance et dont j'ai pu moi-même constater un certain nombre. Mon expérience m'a appris en effet qu'il existe six facteurs concomitants qui semblent favoriser le changement.

LA DISPARITION DES PENSÉES ET DES ÉMOTIONS STRESSANTES

Le changement le plus courant, et peut-être le plus intrigant, est que les pensées et les émotions stressantes s'effacent temporairement et, parfois, définitivement. Pas de découverte ni d'adoption d'un nouveau schéma de pensée : la technique est si efficace que le patient se trouve incapable de raviver son stress précédent, même au prix d'un effort. Les utilisateurs font des déclarations telles que : « Je n'arrive plus à penser au problème pour l'instant » ou « Le problème a tout simplement disparu ». En effet, tout l'éventail des émotions stressantes liées au problème a été éradiqué ; elles ne sont tout simplement plus là.

LA RELAXATION PROFONDE

L'EMT induit une profonde relaxation. Ce calme et cette sérénité peuvent durer de plusieurs jours à plusieurs semaines. En poursuivant la pratique de l'EMT, on arrive à renouveler la sensation de détente aussi souvent que nécessaire. La relaxation, dont les bienfaits sont confirmés dans de nombreux textes scientifiques, indépendamment de la méthode employée, permet de dissoudre les tensions accumulées dans la journée, d'instaurer une sensation de bien-être, de diminuer angoisse et inquiétude, de faciliter la gestion du stress quotidien et d'améliorer le sommeil. L'EMT est un autre moyen d'obtenir ces mêmes résultats, mais elle a l'avantage d'être rapide, facile à utiliser et durable dans ses effets. La relaxation rapide grâce à l'EMT est expliquée dans le chapitre 12. Elle vous aidera à régler un problème même si rien d'autre ne bouge dans votre façon de penser ou de réagir.

LA MISE EN PLACE DE NOUVELLES IDÉES

L'EMT favorise le remplacement d'idées et de sentiments négatifs par des idées et des sentiments nouveaux. Toute la réflexion destructive et contreproductive qui accompagne la colère, l'angoisse, la culpabilité ou tout autre type de stress se transforme en recherche de solutions frappées au sceau de l'espoir. Mes patients affirment : « Je ne vois plus le problème de la même façon. » Ils en viennent à qualifier leurs vieilles habitudes de penser de « stupides ». L'impression d'en être débarrassés les pousse à les considérer comme des comportements obsolètes qui n'ont plus leur raison d'être.

Cette transformation est fascinante par sa soudaineté. En tant que psychothérapeute, je n'aurais jamais cru que le stress puisse être aussi facilement éradiqué ou réorienté. Par exemple, quelqu'un peut s'accrocher à la colère parce qu'elle lui donne le sentiment d'être dans son bon droit ou d'avoir du pouvoir. « Si je ne me fache pas, je ne me défendrai pas », « Tant que je ne suis pas traité avec justice, je serai en colère » : voilà en somme les craintes derrière cette attitude. Si la personne a peur de se sentir faible ou impuissante si elle renonce aux pensées que lui inspire la colère. Avant ma formation à l'EMT, je m'escrimais à convaincre mes patients que le renoncement à ces idées n'entamerait pas leur estime de soi, ni ne les empêcherait de trouver une solution à leur problème. Or, l'EMT permet souvent l'abandon pur et simple de vieilles idées — sans débat sur les raisons qui les justifiaient — et l'instauration spontanée d'une nouvel état d'esprit dépourvu de stress. Que pourrait-il y avoir de plus simple ?

Est-il vraiment indispensable de discuter avec le patient des raisons pour lesquelles il est déstabilisé ? C'est parfois le cas. Dans l'éventualité peu probable où l'EMT ne fonctionnerait pas pendant la première séance, le thérapeute recherchera avec le patient les causes de ses idées négatives. Une fois ces raisons identifiées, le patient peut y renoncer, et cette décision permettra à l'EMT de fonctionner. Le chapitre 5 explique de façon complète les techniques d'EMT.

LE DÉTOURNEMENT DE L'ATTENTION

L'EMT aide à détourner votre attention d'un problème. Cette distraction peut durer quelques heures ou quelques jours. Pendant ce temps, votre capacité à vous détendre et à reconsidérer le problème s'améliore. L'expérience d'une de mes patientes illustre parfaitement ce cas de figure. Betty souffrait de douleurs et de tensions chroniques. Au cours d'un accident du travail, elle était tombée sur les épaules et le cou. Deux opérations au cou n'avaient fait qu'aggraver ses douleurs, lesquelles l'empêchaient de faire son ménage, de continuer son travail à l'extérieur et d'être heureuse avec son mari et ses enfants. Ces douleurs induisaient un certain stress dans son couple dans la mesure où elle se sentait rarement suffisamment bien pour avoir des rapports sexuels.

Au cours de la première séance d'EMT, Betty se concentra sur sa douleur pendant que je tapotais ses mains (une technique EMT). Au bout d'une minute environ, elle se mit à rire de façon presque incontrôlable. Après s'être calmée, elle expliqua que les tapotements détournaient complètement son attention de la douleur. Le côté « bébête » d'une technique aussi étrange l'amusait. Le rire la détendit et soulagea la tension qui aggravait la douleur. Ce premier pas important lui permit de gérer la douleur et de retrouver des sentiments positifs —tout cela grâce à la diversion amenée par les tapotements EMT.

DE NOUVELLES SOLUTIONS À DES PROBLÈMES RÉCALCITRANTS

L'EMT apporte de nouvelles solutions à des problèmes récalcitrants. Bien plus qu'une technique de diminution du stress, l'EMT révèle de meilleures façons de résoudre des problèmes pratiques. Jérôme, cinquante-neuf ans, responsable dans une chaîne de télévision, s'inquiétait de ne pouvoir vendre sa maison dans un marché immobilier atone. Cette inquiétude disparut grâce à l'EMT. Il dit : « J'avais cessé de croire à ces idées angoissantes. » Mais Jérôme fit plus que cela. L'EMT lui permit de découvrir ses inquiétudes concernant une rétribution excessive de l'entrepreneur et du jardinier pour des travaux mal faits autour de sa maison. Il avait peur de les affronter, de se faire détester pour avoir froissé leur amour-propre fragile.

Grâce à l'EMT, il se débarrassa de cette peur et, pour la première fois, mit au point une solution de rechange pour aborder les entrepreneurs. Il leur expliqua directement ce qu'il voulait, les délais à tenir et le budget envisagé. Au lieu de discuter de détails techniques de leur travail, qui le dépassaient, il fixa des principes généraux et des pénalités en cas de non-respect des délais. Cette approche nouvelle et réaliste d'un problème lui était venue spontanément à l'esprit en même temps que l'EMT évacuait ses peurs et ses soucis.

L'EMT, SOURCE D'OPTIMISME

Non seulement l'EMT permet-elle d'éliminer le stress et de résoudre des problèmes, mais elle alimente l'optimisme. Après quelques minutes d'EMT appliquée à une difficulté précise, j'entends des réactions comme « Ça s'arrangera », ou « J'y arriverai ». L'optimisme est-il réaliste ? Mes contacts suivis avec mes patients m'ont permis de constater que leur aptitude à résoudre leurs problèmes et à améliorer leur situation s'est confirmée avec le temps. La disposition à l'optimisme persiste également. Ils font état d'une capacité, inédite pour eux, à considérer les problèmes avec un sentiment de défi et d'aventure. C'est là un autre aspect capital de la réussite de l'EMT.

Ces six mécanismes peuvent fonctionner indépendamment les uns des autres ou ensemble. Il est certain que des études cliniques sont indispensables pour confirmer la validité éventuelle des mécanismes à l'œuvre. Vous en reconnaîtrez un ou plusieurs quand vous pratiquerez l'EMT sur vous-même.

5

LA PRATIQUE DE L'EMT ÉTAPE PAR ÉTAPE

VOUS ABORDEZ MAINTENANT le chapitre le plus important de ce livre. Si vous en appliquez les consignes scrupuleusement, vous résoudrez promptement, efficacement et pratiquement sans douleur vos problèmes de stress affectif, quels qu'ils soient. Vous n'avez pas besoin d'une formation en psychothérapie ou en psychologie, ni d'un diplôme universitaire. Les seuls ingrédients nécessaires à la réussite sont le désir profond de résoudre rapidement vos problèmes et le goût de l'aventure pour les aborder d'une façon inédite et exaltante.

LA PRÉPARATION POUR UNE SÉANCE D'EMT

Étape n° 1. Asseyez-vous sur une chaise confortable à dossier droit dans un lieu calme et comportant le minimum de distractions. Faites en sorte que quelqu'un d'autre réponde au téléphone ou éteignez la sonnerie. Maintenant, choisissez un problème stressant que vous aimeriez aborder avec plus de sérénité. Il peut s'agir d'un conflit professionnel ou conjugal, d'une difficulté financière, d'une dispute avec la famille ou un enfant, d'un changement important ou de toute émotion source de stress, comme la colère, l'inquiétude, la peur, la culpabilité ou la frustration. (Note importante : si vous souffrez de symptômes liés à un traumatisme, ne pratiquez pas seul l'EMT telle que nous la décrivons ici. Consultez un psychothérapeute confirmé dans le traitement des traumatismes.) Il peut s'agir d'événements passés qui vous taraudent toujours ou d'un problème actuel qui vous stresse au quotidien (voir ci-dessous une liste plus complète des problèmes que l'on peut aborder avec l'EMT dans le tableau 5.1). Tout en évoquant la situation source de tension, concentrez-vous sur la sensation de stress, l'image ou l'idée qui y est associée.

Tableau 5.1

Problèmes susceptibles d'être atténués ou éliminés par l'EMT

• Colère	• Tensions professionnelles
• Peur du contact	• Manque d'assurance
• Culpabilité	• Stress dû à l'éducation des enfants
• Douleurs chroniques	• Angoisse
• Insomnies	• Problèmes conjugaux
• Tensions relationnelles	• Stress dû au surmenage
• Maux de tête induits par le stress	• Phobies
• Crises de milieu de vie	• Tensions physiques

Étape n° 2. Fermez les yeux un instant et concentrez-vous sur la sensation, image ou pensée stressante. Ressentez-vous toujours ce stress ? Notez son intensité sur une échelle de 0 à 10, 10 étant le maximum et 0, l'absence de stress. Si votre évaluation est de 4, vous pouvez appliquer l'EMT. Si votre évaluation est inférieure à 4, il s'agit d'un stress trop faible pour justifier une séance d'EMT standard. Cependant, la relaxation EMT (voir chapitre 12) vous aidera pour des niveaux de stress inférieurs à 4. Normalement, si vous avez choisi un problème qui compte pour vous, vous éprouverez de l'inquiétude rien qu'à l'évoquer. Vous aurez peut-être envie de noter par écrit votre évaluation. Pendant et après l'EMT, vous évaluerez de nouveau votre niveau de stress. Ces évaluations constituent la mesure objective de vos progrès.

Étape n° 3. Tout en vous concentrant sur la sensation de stress, notez-en les aspects physiques : mal de tête, mâchoire serrée, crispation du cou, boule à l'estomac, douleur thoracique, tension générale, gêne dans toute partie du corps. Il est également possible de faire disparaître ces symptômes.

LA COMPOSANTE PHYSIQUE DE L'EMT

Bien qu'à l'origine, la technique utilise les mouvements oculaires, je préfère les tapotements des doigts, plus simples à mettre en pratique. Ils sont en général aussi efficaces et plus agréables. Cependant, la technique des mouvements oculaires demeure utile dans certaines conditions, comme expliqué ci-dessous. Suivez ces instructions pour éliminer le stress :

Étape n° 1. Les yeux ouverts ou fermés, concentrez-vous à nouveau sur votre stress et éprouvez-en tous les aspects afin qu'il corresponde complètement (ou presque) au niveau précédemment évalué par vous.

Étape N° 2. Ensuite, posez les paumes sur vos cuisses et tapotez les doigts de la manière suivante : l'index droit tape la cuisse droite une fois, puis l'index gauche tape la cuisse gauche une fois. Concentrez-vous sur l'image ou la sensation stressante et continuez de tapoter vos cuisses en suivant cette alternance. Tapez environ deux fois par seconde, un tapotement par cuisse. Procédez ainsi pendant trois minutes environ, sachant toutefois que la durée exacte des tapotements n'a pas une importance capitale.

Si vous préférez, demandez à votre conjoint, partenaire ou ami, d'effectuer pour vous les tapotements. Posez vos mains, paumes sur les cuisses. Demandez à cette personne de s'asseoir en face de vous et de tapoter le dos de vos mains avec les index en respectant l'alternance que nous venons de décrire. Si la personne préfère être debout, demandez-lui de vous tapoter les épaules avec les trois doigts du milieu selon le rythme décrit précédemment. C'est cette dernière technique que je préfère utiliser avec mes patients, et elle donne des résultats légèrement meilleurs.

Étape N° 3. Une fois cette première série de tapotements terminée, accordez-vous une pause et décrivez ce que vous éprouvez. Trois possibilités se dessinent : baisse, stabilité ou augmentation du stress. Beaucoup de personnes ressentent une diminution immédiate de leurs tensions et résolvent leur problème en cinq ou dix minutes. Si votre sensation de stress s'est atténuée, passez à la partie intitulée « Votre niveau de stress a diminué ».

Si votre niveau de stress n'a pas changé ou s'il a augmenté, faites une nouvelle série de tapotements en vous concentrant sur l'image ou le sentiment stressant. Si votre niveau de stress n'a toujours pas diminué après la deuxième série de tapotements, faites-en une troisième. Si, après cette troisième série, la situation reste inchangée, reportez-vous à la partie intitulée « Votre niveau de stress n'a pas diminué ». Si les trois séries de tapotements n'ont eu aucun effet, cela signifie certainement que le problème est en train de se déployer dans toute son ampleur, étape indispensable avant d'avoir prise sur les tensions. Quand votre niveau de stress aura enfin diminué, passez à la partie suivante.

VOTRE NIVEAU DE STRESS A DIMINUÉ

Précisez maintenant ce que vous éprouvez : l'image, la sensation ou la pensée stressante de départ a peut-être disparu, vous vous sentez plus calme, les idées génératrices de stress vous apparaissent sous un jour nouveau. Le stress qui vous gênait au départ a peut-être été remplacé par un autre, qui y est lié. Trois phénomènes se sont produits :

- l'EMT a commencé à éliminer le stress associé au problème de départ ;
- vous vous sentez plus détendu parce que la technique favorise la détente, outre sa capacité à transformer les émotions stressantes ;
- enfin, vos pensées concernant la situation stressante ont commencé à évoluer dans un sens plus rationnel.

L'étape suivante consiste à vous concentrer sur les émotions stressantes qui persistent, et à effectuer une deuxième série de tapotements. Là encore, faites une série de trois minutes.

Si votre stress continue à diminuer après cette deuxième série, faites-en une troisième. Après celle-ci, évaluez, sur l'échelle de 0 à 10, votre niveau de stress causé par le problème de départ. Continuez à pratiquer l'EMT jusqu'à ce que votre évaluation atteigne le niveau 1 ou 0. Vous ne devez plus ressentir à ce stade le stress noté pendant la séance d'EMT. Si vous éprouvez toujours un certain malaise, concentrez-vous dessus et continuez les tapotements jusqu'à la disparition de ces sensations négatives.

Maintenant, vérifiez si vous éprouvez des sensations physiques désagréables. Si c'est le cas, concentrez-vous dessus et effectuez les tapotements jusqu'à ce qu'elles s'évanouissent. Quand vous avez atteint cette amélioration, votre problème de stress est résolu : vous pouvez même dire « guéri ». C'est donc le moment de passer à la partie « La réussite de l'EMT : confirmez le changement en vous ».

VOTRE NIVEAU DE STRESS N'A PAS DIMINUÉ

Soit la sensation de stress du départ ne vous a pas quitté, soit elle s'est transformée, soit elle a disparu. Elle s'est peut-être transformée en sensation de stress équivalente, ou elle a été remplacée par des symptômes physiques : vertiges, mal de tête, nausée ou autres. L'étape suivante consiste à utiliser la technique des mouvements oculaires, telle qu'elle est résumée dans le tableau 5.2, si les tapotements n'ont pas donné de résultats. (Avertissement : n'appliquez pas cette technique si vous souffrez d'une maladie oculaire risquant de s'aggraver par des mouvements rapides de droite à gauche, ni si vous êtes sujet à des maux de têtes ou d'yeux importants et que les mouvements oculaires semblent en être à l'origine. Si vous ne pouvez utiliser les mouvements oculaires pour quelque raison que ce soit, recommencez les tapotements et suivez les indications données dans le tableau 5.3.)

Étape N° 1. Asseyez-vous confortablement et gardez la tête droite. Pour pratiquer la technique des mouvements oculaires, choisissez deux points dans la pièce : l'un à l'extrême droite, l'autre à l'extrême gauche. Il peut s'agir d'un tableau sur le mur, d'un livre coloré sur une étagère, du poste de télévision, de l'horloge, etc. Maintenant, tandis que vous évoquez votre stress actuel, faites bouger vos yeux de gauche à droite *aussi rapidement que possible.*

Répétez ce mouvement de vingt-cinq à trente fois. Une répétition équivaut à un aller-retour latéral des yeux. Faites une pause, puis entamez une nouvelle série de mouvements tout en vous concentrant sur votre stress. Si vous ne pouvez faire ce mouvement des yeux, suivez les indications du tableau 5.3.

(Vous aurez éventuellement plus de facilité si quelqu'un, conjoint ou ami, vous guide. Demandez à cette personne de s'asseoir en face de vous et de faire passer sa main de droite à gauche, index et majeur tendus, à hauteur de vos yeux, à une dizaine de centimètres de votre tête ; vous devez suivre des yeux ses doigts.)

Si votre niveau de stress (ou le symptôme physique) n'a pas diminué après cette deuxième série de mouvements oculaires, passez à l'étape n° 2.

Si, au contraire, il a baissé, faites une troisième série en suivant les indications données ci-dessus, et concentrez-vous sur le niveau de stress que vous éprouvez pour l'instant. Effectuez de sept à huit séries de mouvements oculaires, mais arrêtez-vous dès que vous atteignez un niveau de stress équivalent à 1 ou à 0 : vous aurez réussi. Reportez-vous maintenant à la partie « La réussite de l'EMT : confirmez le changement en vous ».

Étape N° 2. Si, après la deuxième série de mouvements oculaires, votre niveau de stress n'a toujours pas diminué, essayez d'identifier toute sensation physique ou tout symptôme — tension du cou, douleur thoracique, boule à l'estomac, tension générale — que vous éprouvez à présent. Concentrez-vous sur cette sensation physique, au lieu de vous vous concentrer sur l'émotion, l'idée ou l'image stressantes, et effectuez une nouvelle série de tapotements. Si votre niveau de stress ne varie toujours pas, recommencez les tapotements tout en vous concentrant sur les sensations physiques. Si vous ne remarquez toujours pas de réduction du stress, passez à l'étape n° 3.

Si le symptôme commence à s'effacer, lancez une nouvelle série de tapotements jusqu'à ce que votre stress retombe à un niveau très bas ou qu'il disparaisse complètement. Vous avez réussi quand vous en êtes à 1 ou à 0. Il est donc le moment pour vous de passer à « La réussite de l'EMT : confirmez le changement en vous ».

Étape N° 3. Si votre stress n'a subi aucun changement après deux séries de tapotements, n'abandonnez pas pour autant ! Je sais que vous y mettez du vôtre. Respirez à fond. Détendez-vous un instant. Maintenant, effectuez jusqu'à deux séries de mouvements oculaires tout en évoquant la même sensation physique désagréable. Quand la tension baisse, poursuivez les mouvements oculaires jusqu'à ce qu'elle atteigne le niveau 1 ou qu'elle disparaisse complètement. Si votre stress n'a pas bougé, passez à l'étape n° 4.

Étape N° 4. Si, en vous concentrant sur la sensation physique, vous n'avez pas obtenu de résultats, répétez le mot « relax » (évoquez la syllabe « re » en inspirant et « lax » en expirant), en accompagnant chaque syllabe d'un tapotement du doigt, et ce, jusqu'à ce que la tension retombe au-dessous de 4, sur l'échelle de 0 à 10. Vous êtes maintenant parvenu à une réduction sensible de votre stress. Vous n'aurez pas de meilleurs résultats pour l'instant avec l'EMT.

Tableau 5. 2

Si votre niveau de stress ne diminue pas avec les tapotements, passez par les étapes suivantes :

Étape n° 1. Effectuez jusqu'à deux séries de mouvements oculaires tout en évoquant la pensée ou l'image source de stress. Si le stress n'a pas diminué :

Étape n° 2. Concentrez-vous sur une sensation physique associée au stress. Effectuez jusqu'à deux séries de tapotements. Si le stress n'a pas diminué :

Étape n° 3. Concentrez-vous sur une sensation physique associée au stress. Effectuez deux séries de mouvements oculaires. Si le stress n'a pas diminué :

Étape n° 4. Utilisez le mot « relax » associé aux tapotements jusqu'à ce que votre niveau de stress passe au-dessous de 4. Interrompez la séance d'EMT.

Note : dès que le niveau de stress commence à baisser, reprenez les indications pour mener à bien une séance complète d'EMT.

Tableau 5. 3

Si votre niveau de stress ne diminue pas et que vous ne pouvez faire les mouvements oculaires, passez par les étapes suivantes :

Étape n° 1. Effectuez jusqu'à deux séries de tapotements en évoquant la pensée ou l'image source de stress. Si le stress n'a pas diminué :

Étape n° 2. Concentrez-vous sur une sensation physique associée au stress. Effectuez jusqu'à trois séries de tapotements. Si le stress n'a pas diminué :

Étape n° 3. Pensez à une phrase-clé d'ajustement à la sensation stressante (voir tableau 5.4). Effectuez trois séries de tapotements. Si le stress n'a pas diminué :

Étape n° 4. Utilisez le mot « relax » associé aux tapotements jusqu'à ce que votre niveau de stress passe au-dessous de 4. Interrompez la séance d'EMT.

Note : dès que le niveau de stress commence à baisser, reprenez les indications pour mener à bien un séance complète d'EMT.

Tableau 5.4

Phrases d'ajustement au stress

Je sais m'organiser.	Je peux maîtriser la situation.
Je peux faire mieux.	Je mérite mieux.
Cela disparaîtra.	Je m'aime.
C'est passager.	Je me tirerai de cette situation.
Je suis bien tel que je suis.	J'ai fait de mon mieux.
Je m'accepte tel que je suis.	Je ferai de mon mieux.
Je sais comment m'y prendre.	Je suis quelqu'un de capable.
Je suis en sécurité.	Je suis une personne appréciée.

LA RÉUSSITE DE L'EMT : CONFIRMEZ LE CHANGEMENT EN VOUS

Une fois que vous aurez mené à bien une séance d'EMT et que votre stress a diminué, vous pouvez confirmer vos progrès. Posez-vous la question : qu'est-ce qui a changé en moi ? Il y a des chances pour que la situation vous paraisse moins menaçante, moins frustrante, moins accablante qu'auparavant. Reprenez un instant la liste des phrases d'ajustement au stress, puis demandez-vous quelle émotion vous éprouvez maintenant. Il y aura vraisemblablement la détente, l'acceptation et la tolérance. Les émotions négatives, s'il en reste, sont modérées et adaptées à la situation : la préoccupation, le mécontentement, le regret ou la tristesse.

Si l'EMT a parfaitement transformé votre stress, votre confiance en vous s'est aussi affermie. Désormais, vous vous acceptez davantage, vous vous jugez moins, quelle que soit l'opinion des autres. Votre confiance dans votre capacité à résoudre les problèmes s'en trouve aussi renforcée.

L'exemple ci-dessous illustre l'efficacité de l'EMT. Il s'agit de l'un des nombreux patients que j'ai soignés avec l'EMT.

NE PLUS ÊTRE EN COLÈRE CONTRE SON PATRON

Sabine avait décroché un diplôme universitaire après son divorce et, à quarante-cinq ans, elle avait obtenu un poste de comptable dans un commissariat de police. Mais elle était très en colère contre son patron, qui lui attribuait une charge de travail déraisonnable. On la harcelait parce qu'elle n'assumait pas les tâches dont les personnes d'un grade supérieur au sien aurait normalement dû se charger. Elle commença donc une thérapie pour apprendre à affronter le stress. J'ai choisi les extraits des séances dans lesquels j'ai pratiqué l'EMT avec elle.

> *Thérapeute* : Je voudrais que vous évoquiez mentalement les idées que vous avez exprimées : « Si je tuais ma patronne, mon travail me plairait » et « À ce poste, je suis dans l'impasse ». Allons-y. [Le thérapeute amorce une série d'EMT de quatre-vingt-dix secondes.] Que se passe-t-il maintenant ?
>
> *Sabine* : Je suis sereine. Je ne sais pas comment l'exprimer. C'est comme si je flottais.
>
> *Thérapeute* : Êtes-vous toujours en train de penser au travail et à votre sentiment d'être dans l'impasse sur le plan professionnel ?
>
> *Sabine* : Non, pas en ce moment précis.

Thérapeute : Pendant que vous évoquez cette idée d'être dans l'impasse, évaluez votre niveau de stress sur une échelle de 0 à 10.
Sabine : 5.
Thérapeute : Pourquoi pensez-vous que votre stress est inférieur à ce qu'il était il y a quelques minutes ? [Elle l'avait évalué à 9 auparavant.]
Sabine : Parce que je suis en train de me détendre. Même si je pense au problème, il est en train de partir. Je me détends.
Thérapeute : Quand vous ravivez le stress maintenant, pensez-vous qu'il vous affecte moins parce que vous êtes détendue ?
Sabine : Oui.
Thérapeute : C'est intéressant. Considérez-vous toujours qu'à votre poste actuel vous êtes dans l'impasse ?
Sabine : Oui, parce que c'est comme ça que je vois la situation. Autrement dit, je suis coincée professionnellement. Mais le stress lié à mon travail ne m'affecte plus autant.
Thérapeute : Bien. Votre évaluation du stress lié à votre travail n'est pas aussi mauvaise qu'il y a cinq minutes. C'est peut-être en cela que vous aide l'EMT. Voyons si vous pouvons faire diminuer encore votre niveau de stress et maintenir cette diminution. [Série d'EMT.] Ouvrez doucement les yeux ; que s'est-il passé ?
Sabine : J'ai commencé par dire dans ma tête des phrases à mes deux chefs comme : « Espèce d'imbécile ! », puis elles se sont transformées en : « Comment en sommes-nous arrivés là ? Pouvons-nous régler ce problème ? »
Thérapeute : D'accord. Vous avez abordé le problème d'une façon tout à fait nouvelle. Au lieu de maudire vos responsables, vous avez songé à une autre manière de les aborder et d'obtenir un meilleur résultat. Creusons un peu cette idée. [EMT.] Que se passe-t-il maintenant ?
Sabine : Je me contente de parler à ma supérieure hiérarchique sans contrariété ni colère ; j'évoque les moyens possibles de régler le problème.
Thérapeute : En adoptant une attitude plus modeste. En lui disant : « Comment puis-je améliorer la qualité de mon

travail ? », au lieu de l'aborder avec une attitude négative qu'elle pourra vous reprocher.

Sabine : Absolument, pas une attitude accusatrice, mais une disposition au dialogue.

Thérapeute : Creusons davantage vos nouvelles idées. [EMT.] Que se passe-t-il maintenant ?

Sabine : Nous avons continué de discuter. Je lui ai simplement dit : « J'ai besoin de travailler, mais je ne peux pas continuer comme ça. Il faut changer certaines choses pour que je puisse mieux faire mon travail, sur tous les plans. » J'ai également dit que j'aimerais être davantage appréciée. Elle m'a répondu dans un esprit de coopération, mais je l'ai quittée avec le sentiment que l'issue du problème demeurait incertaine.

Thérapeute : Au moins avez-vous imaginé d'approcher votre responsable d'une façon différente. De sorte que s'il existe un moyen de vous aider vous-même, vous avez tout mis en œuvre pour le découvrir. En fait, le scénario que vous venez de me décrire est très réaliste. Vous pouvez vous affirmer sans colère, mais vous ne savez pas si vous obtiendrez ce que vous voulez. Pouvez-vous, en ce moment même, évaluer votre stress sur une échelle de 0 à 10, en évoquant l'idée d'être dans l'impasse sur le plan professionnel ?

Sabine : Peut-être 2. Parce que dans mon état d'esprit actuel, je pourrais simplement me contenter de pointer à 17 heures et d'abandonner mon stress au bureau.

Thérapeute : Est-ce une attitude dont vous étiez incapable auparavant ?

Sabine : Absolument. Est-ce qu'une technique comme celle-ci fonctionne vraiment ? Parce que je tiens beaucoup à mes principes et je ne crois pas que je me laisserais influencer par la suggestion.

Thérapeute : En fait, je ne vous suggère aucunement de changer vos convictions avec cette technique. Toutes les idées que vous avez eues, y compris celles qui peuvent vous aider, viennent de vous-même. Je me suis borné à vous aider à vous concentrer sur le stress pour le réduire. Ensuite, votre capacité à réfléchir à des solutions possibles a fait surface d'elle-même. C'est ainsi que vous avez découvert de nouvelles approches du problème. J'ai seulement facilité cette évolution grâce aux tapotements EMT.

Au cours d'une visite de contrôle, Sabine m'expliqua qu'elle avait été détendue toute la semaine qui suivit la séance d'EMT. Même s'il lui était arrivé par moments de se fâcher contre sa patronne, elle retrouvait plus facilement son calme qu'avant la séance. D'ordinaire, Sabine était tendue, agitée et passionnée. Une semaine de détente, en dépit des pressions constantes exercées sur elle, constituait donc un changement inouï. Et ce calme était le fruit d'une simple séance d'EMT de dix minutes. Pour arriver à un résultat identique, le stressé chronique a généralement besoin d'une formation à la relaxation suivie d'une pratique de plusieurs semaines.

La séance EMT relatée ci-dessus illustre parfaitement la rapidité et la radicalité de la technique. En quelques minutes, le stress de cette patiente est passé d'un niveau élcvé (9 sur 10) à 2, niveau relativement faible. Au départ, Sabine approuvait la nécessité de penser à sa responsable de façon calme et rationnelle, mais elle doutait de sa capacité à évoluer dans ce sens. Pourtant, elle est parvenue à tourner le dos à ses idées négatives.

Dans une séance de psychothérapie traditionnelle, le psychologue peut :

- explorer des événements traumatisants de la vie du patient susceptibles d'expliquer ses émotions présentes ;
- indiquer au patient des phrases d'ajustement à prononcer pour faire diminuer sa colère ;
- identifier les idées qui ont déclenché sa colère et en discuter de façon rationnelle.

Il faut compter, en moyenne, entre plusieurs semaines et plusieurs mois pour qu'une méthode traditionnelle donne des résultats. Au cours d'une séance d'EMT, les pensées stressantes sont également identifiées, mais tout le processus qui induit la détente, la réévaluation du problème et l'adoption d'une approche positive est effectué en dix minutes. Le manque d'assurance de la patiente n'a nullement entravé l'efficacité rapide de la technique.

Mettre fin à une séance d'EMT si vous êtes toujours stressé

Si vous souhaitez mettre fin ou interrompre une séance d'EMT, ou que votre stress ne diminue, utilisez la technique de relaxation suivante : Formulez la syllabe « re » en inspirant, puis « lax » en expirant, en tapotant votre cuisse (comme expliqué ci-dessus) pendant deux à cinq minutes. Cessez de tapoter lorsque vous atteignez un niveau de stress de 3 ou moins. Cette technique dissipera le stress même si le problème, dans son ensemble, n'a pas été résolu. Il vaut mieux mettre fin à une séance d'EMT sur une note positive, avec une sensation de soulagement, qu'avec des tensions.

Mettre fin à une séance d'EMT si vous vous souvenez d'un traumatisme

Si une séance ranime des souvenirs d'événement traumatisant, il convient d'y mettre fin à l'aide de la technique « relax » (pensez « re » en inspirant, puis « lax » en expirant) en tapotant votre cuisse (comme expliqué précédemment) pendant deux à cinq minutes. Continuez de tapoter jusqu'à ce que le stress soit tombé à un niveau assez bas. Au minimum, vous aurez appris à utiliser la relaxation comme technique pour gérer le stress, ce qui reste un résultat positif : vous êtes parvenu à une diminution importante de la tension associée au problème cible. Mais, comme les émotions liées aux traumatismes sont souvent complexes et récalcitrantes, il vaut mieux consulter un psychologue expérimenté dans le traitement des traumatismes.

QUE FAIRE SI L'EMT NE FONCTIONNE PAS ?

Si vous avez consciencieusement appliqué toutes les consignes sans obtenir de réduction de votre stress, posez-vous les questions suivantes :

- Est-ce que la perspective de me débarrasser de ce problème suscite en moi des sentiments ambivalents ?
- Que se passerait-il si j'y parvenais ?
- Serait-ce une issue entièrement positive ?
- Que pourrait-il se passer de mal ?

Vous pouvez aussi nourrir des idées qui empêchent l'EMT de fonctionner : « Cela ne va pas marcher », « J'ai besoin de me sentir stressé », « Je n'aime pas ressentir des choses nouvelles et inattendues », « J'ai l'impression de perdre le contrôle ». Reportez-vous au tableau 5.5 pour identifier clairement vos blocages. Consultez également le chapitre sur l'angoisse, la culpabilité, les phobies et la colère pour comprendre pourquoi vous vous accrochez à une ou plusieurs de ces pensées stressantes. Ces explications vous mettent aussi au défi de surmonter votre résistance à la résolution de votre problème.

Malgré tous vos efforts, il se peut que vous ayez le plus grand mal à lâcher prise face aux blocages. Jeff, veuf de quarante-deux ans et père de deux enfants de dix et de treize ans, en est un bon exemple. Depuis la mort de sa femme, survenue deux ans auparavant dans un accident de voiture, il assumait à lui seul la responsabilité de ses enfants et exerçait la profession d'expert en immobilier. Le temps passé avec ses enfants empiétait sur celui qu'il consacrait à ses missions d'expertise, au point de le stresser. Il évaluait son stress professionnel à 9. Pendant la séance d'EMT, il se représentait son bureau rempli de dossiers. Au bout de deux minutes, il interrompit mes tapotements et me déclara : « Mince, je n'arrivais même plus à me concentrer sur mon bureau, tellement j'étais concentré sur les tapotements, mais je me sens toujours stressé, et je le resterai tant que le travail ne sera pas fait. » Jeff disait en substance qu'il se sentait obligé d'éprouver ce niveau de tension et de stress tant qu'il n'avait pas terminé son travail. Il craignait qu'un moment de détente l'empêche de remplir sa mission ou de conserver la motivation adéquate. Ainsi, donc, c'était son besoin de ressentir une forte tension qui expliquait son blocage.

En pareil cas, il faut faire un choix délibéré pour permettre à l'EMT de fonctionner. Aucune loi ne peut vous contraindre à vous débarrasser des tensions, aussi désagréables soient-elles, si vous ne le voulez pas. Mais il est important de comprendre que vos résistances ont une cause et que l'efficacité de l'EMT dépendra, dans une certaine mesure, des choix que vous ferez.

Si vous prenez la décision de vous débarrasser des tensions, quelle qu'en soit l'origine, reprenez la pratique de l'EMT et essayez la version suivante de la méthode. Cette fois, pensez au stress et à la raison pour laquelle vous voulez vous y accrocher. Par exemple : « La colère me donne l'impression d'avoir raison », ou « L'angoisse m'aide à maîtriser le problème ». Efforcez-vous de ressentir toute la mesure du stress associé à l'émotion évoquée. Effectuez une série de tapotements. Si vous ne constatez aucun changement, ajoutez une phrase d'ajustement (choisissez-en une dans le tableau 5.4 ou dans les chapitres suivants) pour vous aider à abandonner cette émotion indésirable. Par exemple : « Je peux résoudre mon problème sans angoisse », ou « Je mérite mieux » (affirmation visant à réduire la culpabilité). Si votre stress diminue, retournez à ce chapitre, à la partie « Votre niveau de stress a diminué ».

Tableau 5.5
Identifiez vos blocages

Problème que je souhaite résoudre :									
	Tout à fait vrai								**Tout à fait faux**
Je suis gêné d'avoir ce problème.	0	1	2	3	4	5	6	7	8
Je ne surmonterai jamais ce problème.	0	1	2	3	4	5	6	7	8
Je ne suis pas certain de vouloir surmonter ce problème.	0	1	2	3	4	5	6	7	8
Si je résolvais ce problème, je me sentirais perdu.	0	1	2	3	4	5	6	7	8
Je n'ai ni la force ni la volonté de résoudre ce problème.	0	1	2	3	4	5	6	7	8
Si je parle de ce problème, il va y avoir une catastrophe.	0	1	2	3	4	5	6	7	8
Seule une personne extérieure peut résoudre ce problème.	0	1	2	3	4	5	6	7	8
Si jamais je résous ce problème, je perdrai une partie de ma personnalité.	0	1	2	3	4	5	6	7	8
Je ne veux plus penser à ce problème.	0	1	2	3	4	5	6	7	8
Je devrais résoudre ce problème, mais je ne fais pas toujours ce que je dois faire.	0	1	2	3	4	5	6	7	8
J'aime mieux les gens qui ont ce problème que ceux qui ne l'ont pas.	0	1	2	3	4	5	6	7	8
Je pourrais être en danger si je trouvais une solution à ce problème.	0	1	2	3	4	5	6	7	8
Quand j'essaie de réfléchir à ce problème, je perds le fil de mes idées.	0	1	2	3	4	5	6	7	8

Je dis que je veux résoudre ce problème, mais je ne le fais jamais.	0 1 2 3 4 5 6 7 8
Si je résolvais ce problème, d'autres personnes risqueraient d'en pâtir.	0 1 2 3 4 5 6 7 8
Si je résolvais ce problème, je ne pourrais plus jamais l'avoir.	0 1 2 3 4 5 6 7 8
Je ne mérite pas de surmonter ce problème.	0 1 2 3 4 5 6 7 8
Ce problème me dépasse complètement.	0 1 2 3 4 5 6 7 8
Dépasser ce problème est contre mes principes.	0 1 2 3 4 5 6 7 8
Il y a quelqu'un dans ma vie qui déteste ce problème.	0 1 2 3 4 5 6 7 8
Ce problème a aussi ses bons côtés.	0 1 2 3 4 5 6 7 8
Franchement, je n'ai pas de problème.	0 1 2 3 4 5 6 7 8
J'ai ce problème depuis si longtemps que je ne pourrai jamais le résoudre entièrement.	0 1 2 3 4 5 6 7 8
Je dois attendre pour résoudre ce problème.	0 1 2 3 4 5 6 7 8
Si je résolvais ce problème, je perdrais beaucoup.	0 1 2 3 4 5 6 7 8
Si je résolvais ce problème, ce serait essentiellement pour quelqu'un d'autre[1]	0 1 2 3 4 5 6 7 8

1. J. Knipe, « Identifying hidden blocking beliefs », *EMDRIA Newsletter* n° 2, p. 10-11.

CONCLUSION

75 % à 80 % de mes patients ont réussi, grâce à l'EMT, à éliminer leur stress complètement ou presque et abordent leur situation d'un point de vue nouveau, axé sur la recherche d'une solution. 10 % à 15 % de mes autres patients sont parvenus à un niveau non négligeable de détente, même s'ils n'ont pas changé d'opinion sur la situation stressante. Quant aux 5 % à 10 % restants, ils ont préféré utiliser d'autres techniques. Comparé aux résultats obtenus par des méthodes de psychologie traditionnelles, il s'agit d'un taux de réussite élevé.

Les résultats produits par l'EMT sont-ils durables ? Le stress ainsi éliminé est-il susceptible de resurgir ? Mon expérience m'a permis de constater qu'une fois le stress de départ éliminé, il ne réapparaissait généralement pas avec sa gravité initiale avant des heures, des jours, des semaines, voire davantage. Néanmoins, les émotions stressantes peuvent se manifester de nouveau sous une forme atténuée. Si c'est votre cas, vous aurez peut-être envie de refaire une séance d'EMT tout en vous concentrant sur ce stress récurrent. N'oubliez pas d'utiliser vos phrases d'ajustement. À tout le moins, le stress lié au problème précis finira par disparaître, ou presque, pendant une période non négligeable. Et même si le stress revient avec une intensité moindre, vous serez parvenu à un soulagement certain qui, j'en suis convaincu, serait impossible avec une autre technique.

6

ÉLIMINER L'ANGOISSE ET LA CULPABILITÉ

L'ANGOISSE CONSTANTE est marquée par la croyance irrationnelle qu'une catastrophe est imminente. Les idées qu'elle génère ont pour prélude des phrases comme celles-ci :

- Oh, mon Dieu !
- Imaginons un instant que…
- Et si mes enfants avaient des problèmes ?
- Et si je ne pouvais pas payer mes factures ?
- Et si je perdais mon emploi !
- Et s'il (elle) ne m'aimait plus ?
- Et si je n'arrivais plus à faire face (au travail, à la maison) ?

L'anxieux imagine toujours l'issue la plus funeste : ses enfants échouent à leur examens, il perd son emploi, personne ne l'aime. Bien sûr, ces cas de figure sont improbables, mais l'angoisse ne lui permet d'envisager que les catastrophes et le malheur.

Le Dr Albert Ellis, fondateur de la thérapie comportementale rationnelle-émotive, est convaincu que l'angoisse et d'autres types de stress psychiques sont favorisés par la tendance à « dramatiser » des situations qui ne sont pas aussi graves qu'elles le semblent. L'angoisse est alimentée par deux certitudes :

- la concrétisation de vos craintes entraînera la fin du monde ;
- la nécessité de vous faire du souci si vous n'avez pas l'assurance qu'une catastrophe ne se profile pas à l'horizon.

L'angoisse peut à son tour déclencher des réactions telles que maux de tête, tensions du cou, moiteur des mains, essoufflements, palpitations, gargouillements d'estomac, douleurs thoraciques, agitation ou émotions excessives, difficultés de concentration, irritabilité et sommeil agité.

Vous risquez d'avoir du mal à renoncer à l'angoisse si vous croyez que celle-ci :

- vous aide à résoudre les problèmes ;
- est la preuve de votre amour pour une personne ou une chose ;
- vous donne l'impression de maîtriser une situation qui vous échappe ;
- vous protége d'un danger ;
- vous exempte de prendre des risques réfléchis par peur de l'échec.

Il est temps de tordre le cou à ces « raisons » de s'angoisser :

- l'angoisse ne résout aucun problème ;
- l'angoisse ne prouve pas votre amour, elle ne fait que vous encombrer d'un poids inutile ;
- l'angoisse ne vous donne aucune prise sur la situation. Elle ne fait que vous disposer à ruminer et à vous attarder indéfiniment sur les mêmes idées. Elle ne protège ni des catastro-

phes ni des contretemps, mais elle vous empêche de considérer la situation avec objectivité ;

- loin de vous défendre d'un danger ou d'une menace, l'angoisse entrave une action constructive qui pourrait régler le problème ;
- enfin, l'angoisse peut devenir un prétexte pour refuser de prendre des risques. En renonçant à cette angoisse, vous avez au moins une chance de réussir. La peur prévient pas le danger, c'est une excuse.

Une fois que vous aurez identifié et remis en question les causes de votre inquiétude, votre capacité à résoudre le problème se renforcera. Si vous n'avez aucune prise sur la situation, au moins pourrez-vous l'affronter mieux armé. L'EMT peut réduire, voire éliminer, vos angoisses, et vous réorienter vers des solutions auxquelles vous n'auriez pas pensé.

DES PHRASES D'AJUSTEMENT À L'ANGOISSE

Pour trouver des phrases d'ajustement à l'angoisse, évoquez un sujet précis d'inquiétude et imaginez-en l'issue la plus grave. Demandez-vous si elle est probable. En général, la réponse est « Très peu probable ». Ensuite, demandez-vous quelle sera la gravité de la situation si vos pires craintes se concrétisent. Si vous répondez « Une véritable catastrophe » ou quelque chose d'approchant, il est temps de vous interroger sérieusement sur cette évaluation. Pour remettre le problème en perspective, demandez-vous : « S'il m'arrive un coup dur, en quoi peut-il constituer une catastrophe ? Cet événement serait-il entièrement néfaste dans le contexte de ma vie ? Aurait-il une importance fondamentale ? » Il s'agit de dédramatiser, d'évaluer de façon plus réaliste un événement négatif. Cet exercice de remise en question des idées angoissantes est un élément important de la thérapie comportementale rationnelle-émotive. Voici plusieurs formules qui vous aideront à relativiser la gravité apparente d'une situation :

- un inconvénient n'est pas une catastrophe ;
- je peux toujours mettre au point une stratégie de rechange ;
- ruminer un problème, ce n'est pas le résoudre ;
- cette angoisse ne va pas me tuer, je l'ai affrontée auparavant ;
- mon angoisse ne changera rien à l'issue du problème ;
- je gérerai la situation dans la mesure du possible ;
- le jeu en vaut la chandelle.

Choisissez une affirmation de cette liste et modifiez-la si nécessaire pour l'adapter à votre cas. Utilisez-la pendant votre séance d'EMT. Même si vous restez dubitatif pour l'instant, l'EMT vous aidera à adhérer à ces nouvelles idées à mesure que vous les intégrerez à la technique.

Mon nouveau poste m'angoisse

Qui n'a pas éprouvé de la peur ou de l'angoisse à l'idée de ne pas s'en sortir dans un nouveau travail ? Il arrive que l'angoisse soit si forte qu'elle frise la panique. Dans la séance d'EMT retranscrite plus loin, vous verrez comment Marie fut désensibilisée de l'angoisse que lui inspirait l'idée de retravailler. La quarantaine, mère d'une adolescente, Marie se remettait sur le marché du travail après son divorce. Elle n'avait pas exercé d'activité professionnelle depuis dix ans. Dans la liste de ses peurs, il y avait la peur de l'échec, de trop s'investir dans ses fonctions (par exemple en acceptant trop d'heures supplémentaires), de ne pas être à l'aise à son nouveau poste, d'être jugée par ses collègues et ses supérieurs. L'EMT permit un dévoilement progressif de tous ces problèmes et leur résolution.

En début de la séance, Marie était souriante et aimable malgré la tension évidente qui marquait son visage et les inquiétudes qu'elle exprimait. Son but : se débarrasser de ces inquiétudes. Mais l'idée de « travailler au corps » son angoisse pour mieux gérer la situation ne l'attirait aucunement. Elle insistait : « Je devrais pouvoir contrôler mes émotions sans l'aide d'un psychologue. » Cette visite fut déjà dans son esprit la démonstration de son incapacité à faire face à la vie en général.

Je considère, quant à moi, que Marie est le type même du patient difficile. Extrêmement mal à l'aise rien qu'à l'idée de la séance, elle n'avait aucune confiance dans sa capacité à affronter les difficultés et elle recherchait une solution miracle. Pouvais-je oser croire que j'allais vraiment l'aider ? J'avais essayé une technique classique de relaxation, mais dès qu'elle avait commencé à se détendre, elle s'était raidie. Ouvrant les yeux, elle avait décrété qu'elle n'aimait pas l'impression de « perdre le contrôle ». Je m'appliquai alors à lui proposer des formules pour répondre à son angoisse de recherche d'un emploi, mais elle écarta vite ces idées positives, complètement étrangères à sa personnalité.

Novice dans la pratique de l'EMT, je rechignais à l'utiliser avant d'avoir épuisé des méthodes ayant déjà fait leurs preuves. Je doutais même que l'EMT puisse exercer son effet magique sur une personne aussi stressée. Mais, devant l'échec de mon approche habituelle, je décidai d'expérimenter ma nouvelle méthode. Je commençai la procédure d'EMT en demandant à Marie quel niveau de stress elle éprouvait à l'idée d'un nouvel emploi. Or, sur une échelle de 0 à 10, elle l'évalua à 15 ! Sur la base d'une réponse aussi négative, je me dis qu'elle aurait peut-être besoin de psychotropes puissants pour se calmer. Mais elle les avait déjà rejetés comme une marque de faiblesse encore plus accablante.

Avec quelque hésitation, je fis une première série de tapotements tandis qu'elle concentrait son attention sur la haute intensité de son stress. Cette première série ne modifia en rien son comportement. J'en conclus immédiatement à l'inefficacité de ma démarche. Mais Marie, elle, en tira une conclusion qui indiquait un progrès intéressant : elle avait commencé à réfléchir à l'idée de travailler avec des inconnus sans éprouver sa peur paralysante habituelle. Sans être distraite pas son angoisse, elle pouvait désormais se demander si cette nouvelle perspective la perturbait ou pas : « Je ne suis pas obligée d'accepter cet emploi, je peux en rester à l'entretien d'embauche. » Ce mode de réflexion objective, que je ne lui avais pas suggéré, nous étonna tous les deux. C'était presque trop facile. J'étais encouragé, mais je restais sceptique.

L'EMT fit apparaître la peur de Marie de trop s'investir dans son nouveau travail en faisant des heures supplémentaires le week-end et pendant les vacances. Par le passé, sa tendance à se surmener l'avait épuisée et obligée à se mettre en congé de maladie. Allait-elle retomber dans le même piège ? Ce problème pouvait-il être résolu ? Voici un extrait de notre séance d'EMT :

Marie : Mon problème est que j'ai tendance à trop m'investir dans le travail [en me portant volontaire pour des heures supplémentaires le week-end et pendant les fêtes]. Je ne sais pas comment changer. C'est dans ma nature. Quand j'étais petite, je voulais participer à toutes les activités possibles à l'école. Comment guérir de cette disposition ? L'idée de retomber dans cette habitude m'effraie.

Thérapeute : Y a-t-il un moyen terme possible entre l'absence d'investissement et son contraire ? Pouvez-vous imaginer comment y parvenir ?

Marie : Peut-être en expliquant à l'employeur que j'ai eu des postes où on avait ajouté des heures à mon emploi du temps et que, pour finir, je n'avais ni vie sociale ni vie privée. Je ne veux pas que cela se reproduise.

Thérapeute : Bon, c'est un début. Imaginez que vous parlez à un patron et que vous lui dites cela, d'accord ? Il apparaît clairement que c'est un problème très délicat, puisque vous avez même du mal à vous représenter la scène. Pouvez-vous essayer ? Un patron veut que vous fassiez des heures supplémentaires, et vous lui répondez ce que vous venez de dire. Allons-y. [EMT.] Que se passe-t-il maintenant ?

Marie : J'imagine que je parle des priorités, de ce qu'il faut faire d'abord et en premier lieu. Je comprends qu'il y a des situations importantes qui peuvent nécessiter des heures supplémentaires de temps en temps, mais si ça perdure, il faut déterminer des priorités.

Thérapeute : Comment vous êtes-vous sentie en disant tout cela ?

Marie : Bien. Je me représente un patron auquel je peux parler franchement et qui comprendrait. Je pense qu'il est juste de procéder ainsi. Je suis disposée à faire des heures supplémentaires dans certaines circonstances.

Thérapeute : Je suis certain qu'un employeur verrait que vous êtes prête à faire plus que le salarié moyen. C'est simplement que vous tenez à fixer une limite à la charge de travail que vous aller assumer. Vous êtes hésitante pour l'instant, mais vos propos signifient que vous ne voulez pas dépasser certaines limites. C'est un début d'affirmation de soi qui indique que vous aurez vos limites. Maintenant, à combien évaluez-vous votre stress lié à la recherche d'un emploi, sur une échelle de 0 à 10 ?

Marie : Voyons… je dirais 3, peut-être 3,5. Je me sens beaucoup plus à l'aise avec cette idée.

Thérapeute : Très bien. Maintenant, je vous propose une autre séance sur le même thème. Si nous arrivons à une évaluation de 1 ou de 0, vous vous en sortirez vraiment bien.

Cette séance était venue à bout de plusieurs des craintes de Marie, bien que sa crainte prédominante, de trop s'investir, n'eût pas entièrement disparu. À la fin d'une séance de quarante-cinq minutes, le stress que suscitait cette problématique était de 3, alors qu'au départ il avait été de 15. Marie revint deux semaines plus tard et affirma que la peur de s'investir trop au travail avait complètement disparu, et ce, grâce à sa pratique quotidienne de l'EMT. Trois mois plus tard, notre séance de suivi, intervenue un mois après son retour à la vie active, confirma la disparition de sa peur.

J'ai peur de ne pas trouver d'emploi

Deux semaines après notre première séance d'EMT, Marie postula à un emploi et s'inscrivit à un cours de perfectionnement professionnel. Ses appréhensions à l'idée de retravailler avaient, à ce stade, complètement disparu. Mais elle craignait maintenant de ne pas trouver de travail. La séance d'EMT suivante fit apparaître d'autres problèmes concernant sa situation.

Thérapeute :Vous évaluez votre stress à l'idée de ne pas retrouver d'emploi à 5 sur une échelle de 0 à 10. À quel point êtes-vous convaincue de la formule : « Je veux trouver un emploi » quand vous l'évoquez ? Une évaluation de 7 signifierait que vous êtes convaincue, et 1 que vous n'y croyez pas.
Marie : Je dirais 6. Je veux vraiment y parvenir.
Thérapeute : C'est une nette amélioration par rapport au 1,5 que vous aviez cité précédemment. Pouvez-vous maintenant vous concentrer sur le stress relatif au travail ? Bien. [EMT.] Ouvrez doucement les yeux. Que se passe-t-il maintenant ?
Marie : Je me vois maintenant en route pour un rendez-vous d'embauche. Je suis ouverte, sympa, et j'imagine plusieurs possibilités, mettons un hôpital. Mais je m'entends toujours me dire à moi-même des choses comme : « Vas-tu vraiment faire cela ? Vas-tu vraiment franchir cette porte et adresser la parole à quelqu'un ? »
Thérapeute : Très bien. Commençons avec cette peur. [EMT.] Ouvrez doucement les yeux. Que se passe-t-il maintenant ?

Marie : J'imagine que si je me rends à un entretien d'embauche, le pire qui puisse m'arriver est de ne pas être choisie. Et si, parmi les postes vacants, aucun ne m'intéresse, il y en aura peut-être un la semaine prochaine ou le mois prochain. Après tout, le marché du travail bouge constamment. Si j'envoie des candidatures spontanées à différentes entreprises, j'aurai peut-être la chance de décrocher un entretien avec l'une d'elles. Enfin, si j'ai plusieurs possibilités, je ne me sentirai pas obligée d'accepter n'importe quel emploi faute de choix.

Thérapeute : D'accord. Poursuivons cette idée. [EMT.] Ouvrez doucement les yeux. Que se passe-t-il maintenant ?

Marie : Il faut vraiment que je trouve du travail parce que je ne suis pas heureuse au chômage. Mais je ne dois pas pour autant accepter un poste dont je n'ai pas envie. Si je prends un travail qui ne me convient pas, je peux toujours démissionner. Je m'imagine rencontrer un employeur, en pensant quc si cela se passe bien, tant mieux, et si cela se passe mal, tant pis. » Mais si je ne me lance pas, je ne le saurai jamais, parce que je resterai à la maison à ne rien faire et que j'aurai de moins en moins d'argent.

Thérapeute : Pouvez-vous noter, sur une échelle de 0 à 10, le stress global que suscite l'idée de postuler un emploi ?

Marie : Dans mon état d'esprit actuel, je dirais 0,5.

Thérapeute :Vous voulez dire un demi-point ?

Marie : Oui, pour l'instant.

Thérapeute : Et la pensée : « Je veux me mettre à chercher vraiment ». 7, vous y croyez, et 1, vous n'y croyez pas.

Marie : Bon, 7.

Thérapeute : Bien. Pourquoi ne ferions-nous pas une série supplémentaire pour bien asseoir votre confiance ? [EMT.] Ouvrez doucement les yeux et dites-moi ce qui se passe maintenant.

Marie : Je pense que je ne veux pas un emploi très stressant. Je ferai en sorte de trouver quelque chose de régulier, de 9 à 17 heures, pour commencer. Si j'avais l'impression de me sentir mieux au travail, mieux dans ma peau, et mieux dans ma vie, je prendrais un poste plus stimulant, mais pas pour l'instant. Je veux construire progressivement. Je ne vais pas saccager ma vie encore une fois [en travaillant trop].

Thérapeute : Bien, vous envisagez désormais le travail avec souplesse. Vous ne vous sentez plus contrainte de tout subir, ce qui est nouveau. Plusieurs choix s'offrent à vous. Vous pouvez obtenir une mutation, ou vous pouvez démissionner. Vous aurez le choix. Mais vous vous êtes libérée de cette obligation étouffante de rester dans un emploi trop stressant. Vous avez franchi là un nouveau cap. C'est bien, c'est tonique.

De toute évidence, cette deuxième séance avait produit une nette amélioration de l'état d'esprit de Marie par rapport au travail. Elle s'était radicalement éloignée de l'attitude qui avait été la sienne quelques minutes seulement auparavant. Elle avait décidé de refuser un poste stressant et demandant beaucoup d'heures de travail, mais d'en accepter un qui soit moins frénétique, avec des horaires bien précis, de 9 à 17 heures. Une fois que Marie aurait bien étayé sa confiance en elle, elle pourrait envisager des défis plus stimulants. Elle ne voulait plus que le surmenage lui gâche la vie.

J'ai peur d'échouer à un examen

Mélanie venait tout juste de terminer une formation d'agent immobilier et s'apprêtait à passer l'examen pour obtenir sa licence. Malgré une préparation intensive, elle redoutait l'échec et s'inquiétait du qu'en-dira-t-on en cas de résultat médiocre. Cette peur était accentuée par d'autres soucis comme des difficultés avec son mari et ses enfants. Voici un extrait de la séance EMT effectuée avec elle.

Thérapeute : Vous avez peur d'être recalée à l'examen de vente. Vous imaginez que les gens vont dire : « C'est pas vrai ! Tu l'as raté ? » En y pensant, vous évaluez votre niveau de stress à 9 [sur 10]. Vous m'avez dit également que lorsque vous vous inquiétez à ce sujet, vous éprouvez une brûlure à la nuque.

Mélanie : Oui. C'est désagréable, c'est comme avoir un sèche-cheveux dans le cou.
Thérapeute : Concentrez-vous sur cette sensation de brûlure. Allons-y. [EMT.] Ouvrez doucement les yeux. Que se passe-t-il maintenant ?
Mélanie : Je la sens monter à ma tête.
Thérapeute : La sensation de brûlure est arrivée à votre tête ?
Mélanie : Oui, c'est comme si elle avançait jusqu'au sommet du crâne.
Thérapeute : Est-ce agréable ou désagréable ?
Mélanie : Ni l'un ni l'autre.
Thérapeute : Bien. Poursuivons. Ouvrez doucement les yeux. Que se passe-t-il maintenant ?
Mélanie : Je sens la chaleur sortir par mes oreilles.
Thérapeute : Intéressant. Continuons. [EMT.] Ouvrez doucement les yeux. Que se passe-t-il maintenant ?
Mélanie : Je suis plus détendue.
Thérapeute : Bien. Sur une échelle de 0 à 10, quel niveau de stress ressentez-vous ?
Mélanie : 7.
Thérapeute : C'est toujours élevé. Concentrons-nous à nouveau sur l'idée que les gens apprennent votre échec et qu'ils en parlent. Pouvez-vous évoquer cette image dans votre imagination ? [EMT.] Que se passe-t-il maintenant ?
Mélanie : Sur une échelle de 1 à 10 ?
Thérapeute : Sur une échelle de 0 à 10, quel niveau de stress éprouvez-vous à l'idée d'un échec ?
Mélanie : 5. Je me sens plus détendue.
Thérapeute : Maintenant, évoquez à nouveau cette image de l'échec et des gens qui en parlent. Les yeux ouverts, que se passe-t-il maintenant ?
Mélanie : Sans me laisser indifférente, leurs réflexions sur mon compte ne me tracassent plus comme avant. Au fond, je passe cet examen pour moi-même, pas pour les autres. Je ne vais quand même pas les laisser me perturber.
Thérapeute : Creusons un peu cette idée. [EMT.] Ouvrez doucement les yeux. Que se passe-t-il maintenant ?

Mélanie : Plus j'y pense, plus je suis convaincue que les gens qui me sont proches, et qui connaissent ma vie, comprendront si je ne réussis pas. Et je me moque de ceux qui ne savent pas tout ce que j'ai enduré. Ils ne comprendraient pas de toute façon.

Thérapeute : Quel niveau de stress éprouvez-vous maintenant ?

Mélanie : 3.

Thérapeute : Avez-vous l'impression que l'EMT vous aide à diminuer votre appréhension de l'examen ou êtes-vous incertaine ?

Mélanie : C'est difficile à dire. Je ne sais pas si c'est le fait d'être assise ici qui me détend ou le fait d'analyser une fois de plus la situation, ou encore si ce sont les tapotements qui m'aident.

Thérapeute : Pourquoi ne pas reprendre l'image de départ de votre échec à l'examen et des gens qui en parlent ? Allons-y. [EMT.] Ouvrez doucement les yeux. Que se passe-t-il maintenant ?

Mélanie : J'ai du mal à me concentrer sur cette idée, puis j'ai aperçu le soleil à travers la fenêtre, et je me concentrais sur cette lumière.

Thérapeute : En vous relaxant ?

Mélanie : Oui.

Thérapeute : Vous voyez que deux processus sont en cours. D'abord, vous vous détendez. Vous pourriez vous détendre, quel que soit le thème de la concentration — comme vous l'avez remarqué vous-même. Mais d'un autre côté, vous apprenez à envisager différemment l'idée de l'échec. Si maintenant votre stress est réduit dans une grande mesure [grâce à l'EMT], c'est un changement plus ou moins définitif. Quel niveau de stress éprouvez-vous, sur une échelle de 0 à 10, à l'idée d'un échec ?

Mélanie : Je n'y pensais même pas !

Thérapeute : Pouvez-vous l'évoquer ?

Mélanie : 3, si je me concentre.

Thérapeute : Nous ne pouvons pas espérer mieux aujourd'hui. La prochaine fois, vous devrez me dire si votre détente s'est confirmée ou si l'angoisse est revenue. En général, le stress a disparu quand on le situe à 1 ou à 0. Si vous en êtes à 3, c'est bien entendu mieux que 9 ou 10, mais cela signifie qu'il peut réapparaître. Donc, il s'agit là d'un véritable progrès.

Mélanie avait réduit de façon sensible son angoisse à l'idée d'un échec à l'examen d'agent immobilier, et pourtant, elle continuait de douter des résultats. L'EMT était-elle vraiment à l'origine de cette transformation ? Dans une certaine mesure, son scepticisme était une réaction saine face à une technique d'une efficacité si rapide en apparence. Mais il traduisait également un pessimisme sous-jacent quant à sa capacité à maîtriser son angoisse et peut-être aussi à réorienter sa vie en relevant un nouveau défi. Mélanie n'est pas revenue pour une visite de suivi, si bien que je ne saurais dire si son progrès s'est confirmé. Mais elle était désormais en mesure d'utiliser seule la technique de l'EMT que je lui avais enseignée si ses angoisses d'échec réapparaissaient.

J'ai peur de ne pas être reconnue sur le plan professionnel

À quarante-cinq ans, Noémie, chercheuse en psychologie, doutait de ses capacités. Elle voulait en plus être « parfaite », tant dans son rôle de mère d'un fils de quinze ans que dans son rôle d'épouse. Le principal problème qu'elle espérait résoudre en thérapie était celui d'affronter ses collègues lors d'un congrès à venir dans sa spécialité. Noémie se sentait dépassée par les nombreuses responsabilités que lui imposait la tenue de cette rencontre, en particulier par les exposés qu'elle aurait à faire et par les réponses qu'elle devrait apporter aux questions de l'assistance. Elle était également embarrassée à l'idée que ses confrères et ses consœurs la méprisent pour sa façon de s'habiller, de se comporter et de parler.

Rien qu'à l'évocation de ces problèmes, elle éprouvait une tension à la nuque et aux épaules. Elle estimait son niveau de stress à 8, sur une échelle de 0 à 10. Noémie en avait assez de souffrir ; elle voulait croire en elle-même, en sa compétence, en sa générosité de personne appréciée. Voici un extrait de la séance d'EMT avec Noémie.

Thérapeute : Concentrez-vous sur le stress que suscite en vous le congrès de la semaine prochaine. [Trois minutes de tapotements.] Que se passe-t-il maintenant ?
Noémie : Je n'arrivais plus à me concentrer dessus. Le stress a progressivement disparu, bien que j'aie essayé de continuer à y penser. Est-ce que c'est ce qui se passe d'habitude ?
Thérapeute : Oui, c'est en général le cas. Vous n'arrivez pas à penser à votre stress même si vous faites un effort. C'est difficile à croire, n'est-ce pas ?
Noémie : Oui.
Thérapeute : Maintenant, évoquez à nouveau le congrès et la tension qu'il provoque en vous. Elle ne reviendra pas nécessairement avec toute sa force, mais essayez d'éprouver autant que possible le stress que cette situation vous inspire. Gardez les yeux fermés. [EMT.] Que se passe-t-il maintenant ?
Noémie : Eh bien, j'ai repassé dans ma tête chaque petit détail qui me tracasse, puis je suis passée simplement au suivant. C'est intéressant. On dirait que je me fais du souci pour des centaines de détails en rapport avec ce congrès. Entrer dans une salle pleine de monde me préoccupe. Devoir parler en public m'inquiète. Et donc, je me repasse ces soucis dans ma tête, un après l'autre.
Thérapeute : Quand vous y pensez, est-ce que ces images vous stressent ?
Noémie : Non, je me dis simplement : ceci ou cela me contrarie. Par exemple, l'idée de devoir dire quelque chose d'intelligent. Tous ces soucis défilent dans mon esprit à la queue leu leu, mais sans stress.
Thérapeute : Voilà un élément intéressant. D'abord, vous identifiez les différentes causes de stress relatives au congrès. L'EMT éclaire tout l'éventail du problème. Ensuite, vous pouvez réflé-

chir à tous ces soucis qui, d'ordinaire, vous préoccupent, sans être perturbée. C'est un progrès. Au lieu de vous attarder à chaque problème, vous l'envisagez avec sérénité, puis vous lâchez prise. Quel niveau de stress éprouvez-vous pour l'instant au sujet du congrès, sur une échelle de 0 à 10 ?

Noémie : 4.

Thérapeute : Voyons si nous pouvons atteindre 1 ou 0. Avez-vous l'impression que 4 ou 5 était votre niveau initial de stress ou qu'il a diminué progressivement pendant les dernières minutes ?

Noémie : J'ai l'impression que le stress a diminué très vite. Même dès la première série de tapotements.

Thérapeute : Ressentez-vous toujours une tension à la nuque ?

Noémie : Un peu, mais plus beaucoup.

Thérapeute : J'aimerais que vous vous concentriez sur cette tension à la nuque. [EMT.] Que se passe-t-il maintenant ?

Noémie : Il me semble que l'essentiel de la tension à la nuque a disparu.

Thérapeute : Continuez de vous concentrer sur votre cou et vos épaules.

Noémie : Je me suis mise à penser que je ne veux plus que ce congrès me stresse. C'est contre-productif et inutile ; j'aimerais simplement m'en débarrasser.

Thérapeute : Étiez-vous tout aussi convaincue par cette idée auparavant ?

Noémie : Je ne crois pas l'avoir déjà exprimée.

Thérapeute : Quel est votre niveau de stress maintenant ?

Noémie : Je me sens bien mieux, certainement 1 en ce moment. Qui sait comment ce sera à la fin de la séance ? Mais pour l'instant, je me sens étonnamment calme. C'est intéressant. Maintenant que je connais ce que c'est que de ne pas être aussi stressée, l'idée de le redevenir est très désagréable. Ça ne me plaît pas du tout.

Thérapeute : Vous tolérez moins le stress quand vous savez à quel point vous pouvez vous sentir bien. Bon. Maintenant, évoquez l'idée suivante : « Je suis quelqu'un de compétent et d'apprécié. » À quel point y croyez vous ? 7, vous y croyez complètement, 1, pas du tout.

Noémie : 6.

Thérapeute : Je voudrais que vous réfléchissiez au congrès et que vous vous disiez : « J'ai confiance en moi, et les gens m'aiment bien. » Si vous croyez profondément dans votre valeur, cela vous protégera d'un retour du stress. [EMT.] Que se passe-t-il maintenant ?

Noémie : Eh bien, je commence peut-être à y croire davantage. Il me semble que je répétais ces phrases d'ajustement plus lentement à mesure que le temps passait.

Thérapeute : Au départ, vous vous contentiez de les répéter. Maintenant, vous commencez à y croire. Pratiquons à nouveau la technique tandis que vous vous concentrez sur l'idée : « J'ai confiance en moi, et les gens m'aiment bien. » [EMT.] Que se passe-t-il maintenant ?

Noémie : Si j'arrive à me détendre et à m'accepter lors du congrès, et dans d'autres circonstances, je pourrai être plus attentive aux autres. Je crois que parfois je suis tellement crispée, gênée et préoccupée par la qualité de ma prestation que je suis moins attentive aux autres, à leurs désirs et à leurs problèmes.

Thérapeute : En plus, si vous étiez moins obnubilée par vous-même et par l'opinion que les autres peuvent avoir de vous, vous seriez plus attentive à ce qu'ils vous demandent, vous répondriez à leurs questions au lieu de vous efforcer de faire une bonne impression. À mesure que vous vous détendez et que votre attention se détache de vous-même, votre assurance grandit.

Noémie : Oui, et vous avez plus d'énergie et d'attention pour apprendre des autres. Votre énergie peut se canaliser dans des voies plus productives. Les autres participants au congrès ont leurs propres soucis. Il est important de savoir être à l'écoute, parce que beaucoup de gens imaginent qu'ils peuvent se détendre et se concentrer sur leurs préoccupations, pas les miennes. Si j'étais détendue, je m'occuperais davantage des gens qui dépendent de moi. Peut-être pas des participants à au congrès, mais dans les autres domaines de ma vie.

Noémie apprit à faire baisser son stress et à consolider ses progrès en vue de l'événement à venir. Quand le congrès eut lieu, deux semaines plus tard, son niveau de stress demeura entre 3 et 4, ce qui est faible par rapport à son niveau habituel, qui se situait entre 8 et 10. Elle était moins gênée et ne s'éternisa pas sur l'impression qu'elle faisait. Noémie prit même du plaisir à la compagnie de ses collègues, fait rare pour elle. Et même si elle ne se sentait pas aussi intelligente que bien des autres participants, elle ne se dépréciait plus pour autant.

Et si les gens ne m'aiment pas ?

Cécile avait toujours recherché l'estime des autres en jouant le rôle de la « brave fille ». Même aujourd'hui, alors qu'elle avait dépassé la trentaine et qu'elle était mariée depuis deux ans, la peur de ne pas plaire continuait de la tarauder. Pour l'heure, ses angoisses tournaient autour de la perspective d'un pique-nique prochain, qui allait comporter des activités auxquelles elle ne voulait participer. Or, si elle refusait de participer, elle serait submergée de sentiments de culpabilité et de la peur que les autres convives ne l'apprécient pas. Pour éviter ce conflit, elle envisageait de trouver une excuse pour ne pas y aller.

Au début de la séance d'EMT, son stress à l'idée de faire des choses qu'elle ne voulait pas faire s'élevait à 7,5. Pendant la séance, elle imaginait que les gens exerçaient des pressions sur elle pour qu'elle joue au volley parce qu'il manquait un joueur. Elle commença par refuser, mais les joueurs insistaient. Pourtant, Cécile était tellement détendue qu'elle pouvait à peine maintenir cette image en imagination. Pendant la deuxième série d'EMT, elle se vit en train de refuser de jouer et de se dire que c'était son droit le plus absolu. Sa réaction après la série : « C'était très efficace. Je disais non et une voix en moi me répétait : « Tu as le droit de refuser. » Je me répétais cela et je me sentais très à l'aise. Je me voyais assise seule à une table pendant que les tous les autres jouaient au volley. Cela ne me causait que peu de tension. Pour l'essentiel, je me sentais très détendue. Je suis très à l'aise maintenant avec ma décision de ne pas participer. En plus, je n'étais pas toute seule [dans cette image]. Des gens venaient me tenir compagnie. » Elle avait suffisamment confiance en elle pour éviter le sport et les activités physiques et bavarder à la place.

Pendant sa séance de la semaine suivante, Cécile continua d'affirmer son droit à dire non au pique-nique sans éprouver ni angoisse ni culpabilité. Elle commençait aussi à remettre en question sa philosophie selon laquelle elle devait être appréciée de tout le monde et ne jamais décevoir personne.

Je n'ose pas prendre part aux conversations

Expert en informatique et jeune marié, Joseph était tendu et nerveux lors de notre première séance. Après plusieurs années de programmation, il avait été promu à un poste d'analyste système à vingt-huit ans. Malgré sa réussite professionnelle, il avait généralement du mal à se mettre à l'aise avec ses collègues. Pendant les conversations, il parlait à voix basse, de façon hésitante et peu sûre de lui, ce qui poussait ses collègues à l'ignorer. Il se le reprochait alors et se dépréciait. Derrière ce comportement se trouvait l'angoisse de passer pour un débile ; il évitait donc de bavarder au travail. Quand il imaginait cette situation stressante, il éprouvait un malaise au creux de sa cage thoracique et de son estomac. Il souhaitait en vain pouvoir se détendre et profiter des discussions avec ses collègues.

En évoquant un jour particulier où il avait parlé de sa voix haletante et pleine de nervosité, il avait évalué son stress à 7 (sur une échelle de 0 à 10). Après la première série d'EMT, il se sentait plus détendu et se concentrait sur les tapotements et non sur ses tensions. En plus de le détendre, les tapotements EMT constituaient une distraction. La deuxième série d'EMT raviva le souvenir d'une situation pendant laquelle un collègue avait essayé de l'intimider en prétendant que la promotion qu'il attendait serait attribuée à un autre. À ce souvenir, une bouffée de chaleur et d'angoisse l'envahit.

Au cours des séries suivantes d'EMT, Joseph éprouva de l'angoisse, puis se détendit en pensant à différentes situations professionnelles stressantes. Elles « surgissaient » spontanément pendant l'EMT, sans intervention de ma part. Le commun dénominateur de ces situations était l'attention dont il faisait l'objet, et qui le remplissait d'anxiété à l'idée de se ridiculiser. Pourtant, comme il prenait note de chaque situation nouvelle que l'EMT faisait surgir, il pouvait maintenir et approfondir la détente qu'il éprouvait et qui contrebalançait sa peur habituelle. Enfin, Joseph considéra avec une assurance plus grande l'idée de parler avec ses collègues, de se sentir détendu et ne pas se dénigrer lui-même. L'effet de relaxation était si fort qu'il demeura détendu pendant toute une semaine, même sans nouvelle séance d'EMT.

Au cours d'une visite de suivi, deux semaines plus tard, Joseph rapporta qu'il avait beaucoup moins de mal à parler à ses collègues. Son angoisse et sa peur du ridicule avaient pratiquement disparu. Le murmure incompréhensible qui lui était coutumier avait cédé la place à une élocution normale. Au lieu de se sentir inférieur, il se considérait désormais comme une personne équilibrée, intelligente et rationnelle, opinion qu'il avait rarement émise sur lui-même avant l'EMT.

J'ai peur de manquer d'argent

Les soucis financiers sont une source importante d'inquiétudes pour beaucoup de foyers monoparentaux. Sylvie, divorcée, élevait seule ses deux enfants de huit et onze ans, et travaillait à mi-temps pour une agence immobilière. Tous les mois, la crainte de payer ses factures en retard la tenaillait, même si cela ne lui arrivait jamais. Sa plus grande peur était de devoir vendre sa maison. L'intensité de son angoisse lui causait parfois des maux d'estomac, des haut-le-cœur, et c'était peut-être une des causes de ses maux de têtes sévères.

Elle évaluait à 8 le stress que lui causait sa peur des factures en retard, et ses premiers mots après la séance initiale d'EMT furent : « Que s'est-il passé ? Je me faisais du souci au sujet de mes factures ; puis, au bout d'un moment, je ne parvenais même plus à y penser. Maintenant, cela a disparu. Je n'arrêtais pas de me demander : " À quoi suis-je en train de penser ? " Je me concentrais plus ou moins sur mes mains tandis que vous les tapotiez. » C'était, semble-t-il, une expérience tout à fait inédite pour Sylvie. Elle ne parvenait plus à s'alarmer, même avec un effort, alors que d'habitude elle s'angoissait sans cesse et spontanément.

Après la deuxième séance d'EMT, elle était convaincue qu'elle pouvait traverser l'épreuve et rester détendue. Elle se sentait bien mieux et plus forte. La diminution de la tension signifiait aussi moins de « carburant » pour les graves maux de tête que lui causait son stress. Elle commença à comprendre que son angoisse était une habitude finalement gérable. Au lieu de lui conseiller une liste de stratégies de gestion de l'angoisse, dont l'efficacité était incertaine, j'optai pour la pratique de l'EMT, méthode plus directe et plus efficace.

La diminution de l'angoisse de Sylvie fut si rapide et si spectaculaire que l'on pourrait avoir peine à y croire. Elle était pourtant réelle. La profonde relaxation dans laquelle elle se trouva a peut-être contribué à son apaisement. Des études antérieures ont effectivement prouvé que la relaxation est une bonne technique de gestion de l'angoisse. Mais le changement abrupt qui a pratiquement anéanti l'angoisse intense de Sylvie ne peut pas être entièrement imputé à la détente en tant que telle. J'ai enseigné de nombreuses procédures de relaxation pour lutter contre l'angoisse, mais je ne me souviens pas d'un seul cas où la relaxation à elle seule soit venue entièrement à bout de peurs ou d'angoisses importantes.

J'ai peur que mes clients ne me paient pas

Pour remporter un marché ou un contrat intéressant, le dirigeant de cabinet de conseil doit établir une relation personnelle avec le client. Il redoute souvent, néanmoins, d'avoir affaire à un mauvais payeur qui ne règle ses factures qu'après des lettres de menace et de nombreux coups de fil.

Michel possédait un cabinet de conseil avec plusieurs ingénieurs à son service. Dans les affaires depuis vingt ans, il s'inquiétait souvent des impayés. Son niveau de stress à ce sujet était parfois si fort que Michel avait des tensions dans son corps tout entier. L'idée précise qui les déclenchait était : « Si je n'arrive pas à payer les salaires, ce sera la catastrophe. » À chaque retard de paiement, c'était l'obsession.

Dès la fin de sa première série d'EMT, Michel me dit avec étonnement : « Je pensais à l'argent qui ne rentrait pas, et à ce qui risquait de se produire. Cela me rendait nerveux. Puis, pour une raison que j'ignore, j'ai commencé à me concentrer sur les tapotements et j'ai arrêté de m'en soucier. Cela m'a simplement détourné du problème. J'étais moins stressé, mais maintenant que les tapotements ont cessé, je m'angoisse de nouveau. J'ai malgré tout du mal à croire que j'ai pu oublier mes soucis d'argent, ne fût-ce qu'une minute. »

Comme la dernière série d'EMT approchait, Michel commença à se dire qu'un problème de paiement, ça se réglait. L'EMT avait démontré que Michel pouvait détacher son attention de son inquiétude et même changer de point de vue à ce sujet — chose qu'il n'avait jamais pu faire auparavant. Quand il se mit à pratiquer l'EMT tout seul, il apprit à faire taire ses inquiétudes financières chaque fois qu'elles refaisaient surface.

Comprendre la culpabilité

La culpabilité chronique est un sentiment qui peut vous rendre prisonnier du passé, vous paralyser dans le présent et vous empêcher d'entreprendre quoi que ce soit ou de profiter de la vie. Si la culpabilité est un de vos traits dominants, vous devez comprendre la place considérable qu'elle occupe dans l'image que vous avez de vous-même comme individu chaleureux et plein de compassion. Peut-être considérez-vous la culpabilité comme un stimulant pour aider autrui, y compris votre famille ou les amis dans le besoin. Vous imaginez que, sans elle, vous risquez de perdre la notion du bien et du mal ou votre sens de la solidarité. Si cette solidarité est une valeur clé de votre existence, vous déculpabiliser concernant vos manques peut vous sembler impossible. Dans le même ordre d'idées, vous pouvez estimer que vous ne méritez pas d'être heureux à cause d'actes répréhensibles dans le passé. Vous vous voyez « condamné » à vous sentir coupable et, donc, à renoncer à vos plaisirs habituels.

Si vous voulez changer de point de vue, il vous faut comprendre les conséquences d'une culpabilité récalcitrante et irréductible. En effet, la culpabilité ne permettra pas de redresser quelque tort que vous ayez pu causer, mais elle vous maintiendra fermement enlisé dans le passé. Si vous êtes un bourreau du travail, elle vous poussera à vous dépasser dans votre vie professionnelle, familiale, et vos activités altruistes, si bien qu'il ne vous restera guère de temps pour vos plaisirs personnels. Cela se vérifie en particulier chez les femmes. Si elles déploient tant d'efforts pour le bien des autres, c'est parce qu'elles ont le sentiment qu'elles ne méritent pas de s'occuper d'elles-mêmes, que les autres comptent plus qu'elles. Par culpabilité, elles s'interdisent de se juger prioritaires. Mais si elles pouvaient se débarrasser de cet excès de culpabilité, elles continueraient d'aider les autres (car elles aiment vraiment le faire), mais auraient en même temps une vie plus saine et mieux équilibrée entre souci des autres et souci d'elles-mêmes. Quand ce sentiment de culpabilité est né d'un acte passé, il se mue parfois en permission de recommencer : ne vous a-t-il pas dédouané de vos péchés ? Grâce à cette forme d'absolution, vous pourrez continuer à vous adonner à vos vieilles habitudes destructrices. En cessant de vous culpabiliser, vous pourrez assumer la responsabilité des problèmes passés et vous n'aurez plus envie de recommencer.

Aussi rebelle et récalcitrante que puisse être la culpabilité, l'EMT peut identifier et purger les pensées qui l'engendrent.

DIMINUER LA CULPABILITÉ

« Ce que j'ai fait (ou négligé de faire) est la preuve que je suis mauvais. » Cette conviction est le fondement de toute culpabilité. Se rabaisser en se considérant comme un être condamnable est un problème d'estime de soi. Pour vous débarrasser de cette vision nocive, faites la distinction entre votre comportement et vous-même en tant que personne : vous pouvez ne pas approuver un acte que vous avez commis ou omis, mais vous ne devez pas vous dénigrer en tant qu'individu[1]. Voici quelques

1. Voir Albert Ellis, *A Guide to Rational Living,* North Hollywood, Wilshire Book Company, 1973.

phrases d'ajustement pour gérer la culpabilité et pour renforcer l'efficacité de l'EMT :

- je peux m'accepter, même si je n'apprécie pas ce que j'ai fait ;
- je rectifierai ce qui est possible ;
- je me concentrerai sur le présent ;
- j'ai le droit de prendre du temps pour moi-même ;
- renoncer à des attentes irréalistes (de soi-même) est une réaction saine.

Aider les autres en se négligeant soi-même

Susanne consacrait l'essentiel de son énergie à faire plaisir à sa famille, ses amis et ses supérieurs hiérarchiques, au détriment de ses intérêts et de ses plaisirs personnels. La petite quarantaine et divorcée depuis peu, elle s'inquiétait aussi au sujet de sa fille (au demeurant équilibrée) de dix-huit ans. Malgré l'aide qu'elle apportait à autrui, elle se sentait toujours coupable de ne pas en faire assez. Les résultats rapides obtenus grâce à l'EMT furent particulièrement impressionnants au regard de cette vieille habitude qu'elle avait de ne pas s'occuper d'elle-même. Pourtant, si vous lisez les exemples précédents, vous constaterez que l'efficacité spectaculaire de la technique est en partie prévisible. Susanne était étonnée que sa culpabilité soit liquidée aussi rapidement avec l'EMT. Et elle ne pouvait même plus retrouver ce sentiment généralement envahissant. Au contraire, elle commençait à se concentrer sur l'amour qu'elle éprouvait pour sa fille, sans aucune trace de culpabilité. Mais en dépit des pensées agréables qu'elle avait concernant sa famille et ses amis, elle doutait qu'elles persistent. Susanne était convaincue qu'elles finiraient par disparaître pour laisser place au fardeau habituel de sa culpabilité.

Pendant la séance EMT qui suivit, elle se concentra sur ses habitudes de pensée pessimistes. Celles-ci cédèrent progressivement à une profonde relaxation accompagnée de l'idée : « Même si la culpabilité revient, je peux la faire partir. Quand elle reviendra, je devrai simplement m'appuyer sur l'idée que je peux m'en débarrasser pendant un certain temps. »

En dépit de ses progrès, Susanne craignait désormais d'être libre de la culpabilité, de devenir dure et même insensible. Elle fut rassurée que l'EMT la débarrasserait de sa culpabilité excessive tout en laissant intacts son intérêt et sa compassion pour autrui. La force de l'EMT est dans sa capacité à soulager le stress. Elle ne modifie ni les valeurs de l'individu ni la structure de sa personnalité.

Au cours des semaines suivantes, Susanne commença à se concentrer davantage sur ses plaisirs personnels, y compris la lecture et l'écriture, sans être hantée par la culpabilité. Résultat, elle commença à équilibrer harmonieusement vie privée, vie professionnelle, activité altruiste et plaisirs personnels.

7

PHOBIES ET CRISES DE PANIQUE

UNE PHOBIE est la peur irrationnelle d'un objet, d'une situation ou d'un sentiment précis, et qui peut limiter de façon conséquente la vie de l'individu qui en souffre.

Parmi les phobies les plus courantes, on retrouve la peur de conduire ou de voyager, la peur des lieux clos, du contact humain et, la plus courante, la peur de parler en public (ce qui est le cas de la majorité des gens).

Une phobie peut s'accompagner d'un sentiment de panique. La crise de panique est un épisode soudain de terreur assorti d'étourdissements ou de vertiges, de palpitations, d'essoufflement, de moiteur des paumes, de douleurs abdominales ou de l'impression de s'effondrer. Au moment où la personne se sent envahie par une vague de terreur en l'absence d'une menace ou d'un danger véritable, elle se demande : « Pourquoi cela m'arrive-t-il ? » Les phobiques s'imaginent parfois que leurs symptômes annoncent une perte de contrôle, la folie, une crise cardiaque ou une mort prochaine. Ils commencent à redouter de nouvelles crises, et cette appréhension pousse certains d'entre eux à éviter les lieux clos qu'ils jugent propices à une telle crise : centres commerciaux, grands magasins, automobiles... D'autres redoutent une crise de panique chaque fois qu'ils s'éloignent du lieu dans lequel ils se sentent en sécurité, comme leur domicile.

En conjuguant à l'EMT les phrases d'ajustement proposées par C. Weekes, et que nous vous présentons ci-dessous, vous parviendrez à soulager crises de panique et phobies. La logique qui sous-tend ces phrases d'ajustement est la suivante : la crise de panique se nourrit de la peur de la voir se produire ; cette peur déclenche une sécrétion dans le corps de l'« hormone du stress » (l'adrénaline) qui intensifie les symptômes physiques et la panique. Il suffit dès lors d'apprendre à avoir moins peur des symptômes physiques pour que les crises de panique s'estomperont. Ces phrases d'ajustement visent à juguler les appréhensions et, donc, à diminuer la fréquence des crises. Entraînez-vous à les répéter cinq minutes par jour, puis utilisez-les chaque fois que les symptômes de peur se manifestent :

- ces sensations sont douloureuses mais pas dangereuses ;
- une sensation n'est pas un fait ;
- les sensations disparaîtront, elles sont passagères ;
- je regarderai la peur en face, au lieu de la fuir ;
- la peur provient d'un excès d'adrénaline, rien de plus ;
- je suis capable d'affronter n'importe quelle gêne (provenant de ma crainte qu'on ne remarque ma douleur)[1].

Associées à vos séances d'EMT, ces formules renforceront vos progrès en cas de persistance du stress phobique.

Certains psychologues affirment que les phobies ne peuvent être soignées isolément de leur contexte dans la

1. C. Weekes, *Hope and Help for Your Nerves,* Toronto, Bantam, 1969.

mesure où d'autres facteurs les entretiennent, comme l'intérêt ou la commisération qu'elles suscitent dans l'entourage, la fuite des responsabilités ou les traumatismes non résolus de l'enfance. En ce qui me concerne, même si je reconnais l'existence d'un lien entre ces facteurs et les phobies, rien dans mon expérience ne m'a prouvé qu'il fallait en tenir compte pour soigner celles-ci. L'obstacle le plus courant au dépassement des phobies est que la personne manque de confiance dans sa capacité à affronter le stress. Elle a l'intime conviction qu'elle serait totalement démunie face à une crise de panique ou à une situation phobique. En outre, la perspective de se débarrasser de la phobie peut lui faire croire qu'elle doit se rendre dans des endroits ou faire des choses qui, pour l'instant, l'effraient.

Si l'individu est tiraillé entre la volonté de surmonter une peur phobique et la tentation de s'y abandonner, l'EMT fera apparaître ce dilemme et indiquera une solution. Une fois que la personne est décidée à juguler sa phobie, elle obtiendra de bons résultas en utilisant les phrases d'ajustement ci-dessus en association avec l'EMT.

La peur de prendre l'avion

Bien que l'avion soit le moyen de transport longue distance le plus pratique, il fait peur et même terrifie beaucoup de nos contemporains. Certains continuent de l'utiliser et parviennent à supporter des crises de panique en vol, mais d'autres refusent purement et simplement de prendre l'avion.

Patricia avait prévu un voyage à Porto Rico deux semaines après sa première séance de thérapie. Elle avait déjà eu des crises d'angoisse et de panique, des nausées et des tensions musculaires qui avaient duré pendant toute la durée d'un vol. Jamais elle n'avait connu un seul moment de détente en avion, même pendant un vol de nuit épuisant. Elle se souvenait d'un incident effrayant au cours duquel une brusque perte d'altitude avait causé des chutes de verres et d'autres objets. Elle estimait le stress qu'elle ressentait à l'idée du prochain vol à 7 sur une échelle de 0 à 10. Elle avait envisagé avec réticence de prendre un tranquillisant pendant le voyage, mais elle préférait de beaucoup utiliser un moyen non chimique pour maîtriser son angoisse.

Pendant la séance d'EMT, elle visualisa sa peur en s'imaginant le vrombissement des moteurs avant le décollage. Plusieurs séries de tapotements EMT déclenchèrent spontanément un « passage en revue » du vol, depuis le décollage jusqu'à l'atterrissage. Une frayeur violente s'empara d'elle à l'idée de se déplacer dans le couloir, car elle imaginait qu'elle risquait de « déstabiliser » l'avion si elle avançait trop vers un bout ou vers l'autre. Cet effroi se calma légèrement tandis qu'elle se concentrait sur le vol, mais Patricia fut surtout aidée par la répétition de la formule : « Je peux y arriver », en évoquant son vol à destination de Porto Rico. Après deux séries supplémentaires de tapotements, son stress diminua jusqu'à 3, et elle commença à avoir sommeil.

Ce rapide recul du stress l'impressionna, même si elle était convaincue que ses peurs reviendraient avec toute leur force quand elle serait dans l'avion. Deux semaines après son retour de Porto Rico, elle faisait état d'un niveau de stress moins élevé pendant le voyage. En outre, elle découvrit que la pratique de l'EMT en plein vol avait été très utile pour refréner son angoisse.

La peur d'avoir une crise cardiaque

Les victimes d'une crise cardiaque ont souvent peur d'une récidive et hésitent à s'adonner à une activité physique normale, comme les promenades ou toute autre forme d'exercice et d'effort, y compris les rapports sexuels. Pourtant, les médecins recommandent la reprise d'activités normales à deux tiers d'entre elles[2]. Nombre de ces patients craignent par ailleurs qu'une deuxième crise cardiaque ne leur soit fatale du fait de la lenteur des secours. Cette peur persistante d'une nouvelle crise peut aller jusqu'à la phobie paralysante, comme ce fut le cas pour une de mes patientes, Gwenaëlle.

Six mois plus tôt, Gwenaëlle avait été acheminée en urgence à l'hôpital où sa douleur à la cage thoracique fut identifiée comme une crise cardiaque. Depuis lors, elle refusait de voyager à plus de quelques kilomètres d'un hôpital, redoutant une rechute. Ses douleurs thoraciques étaient aussi déclenchées par le stress, mais elle ne pouvait pas faire la différence entre ces douleurs-là et celles dues à son problème cardiaque. Institutrice à la retraite, Gwenaëlle vivait très mal cette situation dans la mesure où elle voulait voyager avec son mari et leur fille adulte. La séance retranscrite ci-dessous permit de diminuer sa peur de s'éloigner d'un hôpital.

Thérapeute : Vous évoquez l'idée d'être éloignée d'un hôpital, ce qui vous stresse et vous fait peur. Vous représentez-vous cette image ?

Gwenaëlle : Oui. Je ressens également la peur qu'elle suscite en moi.

Thérapeute : Très bien. Maintenant, je vais tapoter sur vos mains. Le stress peut diminuer ou peut augmenter un tout petit peu au départ, mais il finira par s'estomper. Allons-y. [EMT.] Que se passe-t-il maintenant ?

Gwenaëlle : C'est agréable. J'ai senti comme si on m'ôtait un poids dans ma cage thoracique. Quand j'ai un pincement

2. D. Cioffi, « Beyond attentional strategies : cognitive perceptual model of somatic interpretation », *Psychological Bulletin*, 1991, 109, p. 25-41.

d'angoisse en pensant : « Mon Dieu, j'ai fait une erreur », ou quelque chose dans ce style-là, j'éprouve une douleur thoracique. Cela m'a considérablement soulagée. Le tapotement semble en avoir été la cause.

Thérapeute : Très bien. Poursuivons avec l'idée de rouler sur une autoroute loin d'un hôpital. [EMT.] Que se passe-t-il maintenant ?

Gwenaëlle : Le même soulagement. Je me voyais en train de conduire, et pour finir je me suis dit : « Ça ira très bien, ça ira très bien. » Puis j'ai commencé à m'angoisser un peu, mais je me suis détendue. Cette peur de voyager à laquelle je pensais s'est allégée. C'est incroyable.

Thérapeute : D'accord. Poursuivons. Voyons si nous pouvons extirper entièrement la peur qui subsiste. Concentrez-vous dessus. [EMT.] Que se passe-t-il maintenant ?

Gwenaëlle : À peu près la même chose. Ma peur s'atténue quand vous faites les tapotements et je me suis représentée en train de conduire sur l'autoroute en pleine campagne ; c'était un endroit très désert [loin d'un hôpital] et cela m'a fait peur.

Thérapeute : Évaluez maintenant votre stress, sur une échelle de 0 à 10, à l'idée de voyager.

Gwenaëlle : Il a baissé à 2.

Thérapeute : Voyons si nous pouvons le réduire à 1. Intercalez la phrase d'ajustement que vous vous êtes trouvée : « Ça ira très bien. » [EMT.] Que se passe-t-il maintenant ?

Gwenaëlle : C'était agréable. J'étais calme et je pensais : « Ça ira très bien », pas à chaque instant, mais en gros, je sentais la peur quitter ma cage thoracique et un sentiment de légèreté la remplaçait. J'ai si souvent des douleurs thoraciques qu'il m'est difficile de distinguer les tensions musculaires des douleurs proprement cardiaques.

Thérapeute : Mais c'est effectivement un moyen de faire la différence, parce que nous diminuons le plus possible les douleurs thoraciques dues au stress.

Gwenaëlle : D'accord.

Thérapeute : Quel niveau de stress ressentez-vous pour l'instant sur une échelle de 0 à 10 ?

Gwenaëlle : À cet instant précis ? Je crois entre 1 et 2.

Thérapeute : Bien. Il est néanmoins difficile de dire maintenant combien de temps le stress va vous laisser tranquille. Peut-être quelques jours, quelques semaines, ou davantage. Mais il est intéressant, et surprenant, que vous puissiez obtenir en cinq minutes seulement un progrès aussi important. Notez ce que vous éprouvez la prochaine fois que vous conduisez en rase campagne. Nous pourrons continuer de travailler sur votre peur la semaine prochaine.

Gwenaëlle : Très bien. Ce sera merveilleux.

Pendant cette brève consultation, Gwenaëlle parvint à faire baisser de 8 à 1,5 le stress qu'elle éprouvait à l'idée de voyager et les symptômes douloureux qui en découlaient, et elle se remit à avoir envie de voyager. Une visite de suivi deux mois plus tard ne révéla aucune reprise de sa peur des déplacements. Elle rendit visite à ses beaux-parents et alla dans des restaurants qui n'étaient à proximité d'aucun hôpital. Résultat étonnant pour une seule séance d'EMT.

Ne plus avoir peur du sida

La possibilité d'être infecté par le virus VIH puis de voir se déclarer la maladie, le sida, est une préoccupation réaliste pour quiconque est sexuellement actif et n'a pas de relation monogame stable. Cependant, l'angoisse du sida peut devenir une phobie gênante qui pousse l'individu à s'ausculter sans cesse et à ressasser ses craintes de la maladie, en l'absence de toute preuve d'infection. Il peut aussi redouter les relations sexuelles même s'il se protège.

Juliette, la trentaine, avait été mariée et monogame pendant une dizaine d'années. Elle évoquait une angoisse très forte d'une infection par le VIH alors qu'elle n'avait pas du tout un comportement à risque. En particulier, elle s'imaginait envahie, à la suite d'une hypothétique contamination, par un sentiment d'échec, de honte, de dépression et d'insécurité, avec, en fin de parcours, une mort atroce. Elle évaluait ce stress à 10 sur une échelle de 0 à 10. Son angoisse du VIH venait en partie de sa fatigue chronique (sans danger) diagnostiquée par un médecin, et parfois accompagnée d'une impression de faiblesse physique.

Pendant la séance d'EMT effectuée pour traiter ce stress, Juliette se détendit rapidement et eut même du mal à se concentrer sur son angoisse coutumière. Elle parvint à se convaincre du fait que sa fatigue persistante n'avait rien à voir avec le sida. Sa peur s'était évanouie en une seule séance. Un mois plus tard, elle n'avait toujours pas reparu.

La peur des sensations physiques

Voici la retranscription d'une séance avec Victor, homme marié de cinquante-huit ans, père de deux enfants adultes. Depuis plusieurs années, il avait la phobie de ses sensations physiques, qu'il prenait pour le signe de problèmes médicaux sérieux. Ainsi, il craignait qu'une douleur aiguë à la tête n'annonce une attaque cérébrale, en dépit du résultat rassurant d'une IRM. L'EMT lui démontra qu'il était possible de dédramatiser le symptôme. Au cours d'une séance de vingt minutes, il put prendre du recul par rapport à ses craintes et apprendre à se détendre quand il éprouvait des sensations physiques, après avoir évalué à 7 ou 8 l'angoisse à propos d'une douleur aiguë.

> *Thérapeute* : [EMT appliquée à l'angoisse due à des douleurs aiguës à la tête.] Que se passe-t-il maintenant ?
> *Victor* : On dirait que c'est un mal de tête plus diffus qu'une douleur aiguë. Mais cela m'inquiète quand même.
> *Thérapeute* : C'est le premier signe que la douleur vient du stress. Avec une seule série de tapotements, la douleur est devenue plus diffuse.

Victor : J'ai l'impression qu'elle a bougé.

Thérapeute : Si vous obtenez ce type de « mobilité », cela signifie que vous pouvez probablement contrôler le symptôme plus que vous ne l'imaginez, uniquement grâce à des techniques de diminution du stress. Continuons. Fermez doucement les yeux. [EMT.] Ouvrez doucement les yeux. Que se passe-t-il maintenant ?

Victor : J'ai senti une véritable douleur lancinante pendant les tapotements. Je ne sais plus où j'en suis, j'ai peur. Cela m'a secoué à nouveau.

Thérapeute : D'accord. Cela vous a fait peur. Continuons. [EMT.] Que se passe-t-il maintenant ?

Victor : C'était intéressant. J'ai reçu quelques élancements comme avant, mais cela ne m'a pas paniqué comme d'habitude. Je crois avoir eu un peu moins peur, je sentais que je maîtrisais mieux la situation.

Thérapeute : Pourquoi pensez-vous que cela s'est produit, que vous n'avez pas éprouvé le niveau de panique habituel ?

Victor : Je pense que je suis plus détendu pour l'instant du simple fait que j'essayais de la maîtriser. Le mal de tête rayonne de façon plus sourde, cela ressemble davantage à un mal de tête ordinaire.

Thérapeute : Eh bien voilà. Vous ne pouvez peut-être pas contrôler une douleur lancinante pour l'instant, mais vous pouvez apprendre à réduire votre réaction à cette douleur. Qu'elle soit ou non un véritable symptôme sur le plan médical, vous ne devez pas pour autant vous affoler. Et quand vous vous détendez, votre contrôle de la situation est meilleur. La peur et la détente sont incompatibles. Plus vous êtes détendu, et moins vous êtes susceptible de paniquer. Si nous reprenions ? [EMT.] Que se passe-t-il maintenant ?

Victor : Je ne sais pas pourquoi, mais j'avais du mal à penser à la douleur. Je me disais seulement : « Détends-toi. »

Thérapeute : Les tapotements induisent la relaxation. La détente vous empêche de vous concentrer sur le stress parce que vous êtes très calme.

Victor : J'ai ressenti encore un ou deux élancements sur le côté de ma tête, et c'est bizarre. Je ne sais pas si c'est la douleur qui est si forte ou si c'est ma réaction à la douleur qui m'empêche de l'affronter.

Thérapeute : C'est un point fondamental. La peur alimente ce symptôme précis. Or, le symptôme vient peut-être de la fatigue, d'une migraine ou d'autre chose encore. Mais dès que vous avez peur, les symptômes ont tendance à s'aggraver. Une plus grande peur déclenche une production de l'hormone du stress, qui à son tour accentue le symptôme. Quelle que soit l'origine de cette douleur, vous ne devez pas réagir aussi vivement que vous le faites. Si vous restez détendu tous les jours pendant les semaines à venir et que les élancements s'estompent, c'est qu'ils sont probablement dus au stress. Dès que vous êtes débarrassé du stress et de la peur de la douleur, le symptôme tend à diminuer.

Victor : Je vous crois, cela semble logique. Mais c'est si difficile pour moi.

La visite de Victor lui prouva que sa douleur aiguë pouvait être transformée en un mal de tête plus diffus. Il comprit qu'elle était en partie due au stress et qu'elle n'était pas le signe avant-coureur d'une attaque cérébrale ou d'une tumeur au cerveau. Comme il continuait de se détendre pendant la phase de relaxation EMT, il se mit à considérer ces élancements comme une sensation désagréable mais sans gravité. Il recourut à la pratique autonome de l'EMT chez lui chaque fois que ses peurs phobiques reprenaient.

La peur d'une mort douloureuse

Virginie entra dans mon cabinet, tendue et atterrée. Elle expliqua que sa sœur de quarante-deux ans, atteinte d'un cancer du poumon en phase terminale, avait moins d'un an à vivre. Virginie n'avait jamais été proche de sa sœur, mais elle avait des raisons d'être éprouvée par la perte d'un être aussi jeune. En effet, elle craignait de mourir elle aussi d'un cancer du poumon dans un avenir proche. Sa peur n'était pas entamée par le fait qu'elle menait une vie très saine depuis plusieurs années. Elle avait cessé de fumer treize ans auparavant, suivait un régime équilibré et avait commencé à faire de l'exercice. Malgré des antécédents d'alcoolisme, elle venait de passer cinq années de sobriété. Après un premier mariage mouvementé, elle était désormais heureuse en ménage.

Son médecin la rassurait régulièrement sur son état de santé après lui avoir fait passer des examens qui n'avaient révélé ni cancer ni aucune autre maladie, mais ces visites ne tranquillisaient Virginie que pour quelques semaines. Ses angoisses réapparaissaient brutalement, et étaient envahissantes. Pendant la première séance, je lui enseignai une technique de relaxation classique qui fonctionna parfaitement pendant la consultation.

Mais, deux semaines plus tard, lors de sa deuxième séance, elle m'apprit la mort de sa sœur, survenue deux jours plus tôt. Elle s'était parfaitement maîtrisée lors de la veillée et des funérailles, versant peu de larmes, mais, à présent, l'impact du décès l'atteignait de plein fouet. Comme Virginie l'avait redouté, sa sœur avait succombé en suffoquant dans les bras de leur mère. Elle était hantée par cette image et elle se disait qu'un sort identique l'attendait. Sa peur d'une mort atroce était plus vive que jamais.

Virginie, ayant pratiqué des techniques de relaxation courantes, avait constaté qu'elles lui avaient permis de rester détendue de deux à trois heures par jour, et aussi de mieux dormir. Au lieu de penser à ses douleurs physiques, qui pouvaient lui rappeler le cancer, elle se concentrait sur sa respiration, ce qui la détournait suffisamment de ses inquiétudes pour qu'elle trouve le sommeil. Mais, malgré le succès de la relaxation, elle était convaincue plus que jamais de sa mort prochaine et de l'inutilité d'envisager une carrière ou de terminer ses études, puisque son espérance de vie limitée ne lui permettrait jamais d'atteindre ses objectifs.

Ses inquiétudes étouffaient tous ses élans positifs, jusqu'à son appétit sexuel, son attirance et son amour pour son mari. Elle avait beau savoir que ces idées étaient complètement irrationnelles, elle ne pouvait les chasser de son esprit.

Il arrive souvent, lorsqu'un patient se crispe, comme Virginie, sur ses tourments intérieurs, que l'EMT parvienne à stopper le cycle du stress et de la peur. Virginie me permit d'appliquer la technique EMT. Elle évaluait à 9 sur une échelle de 0 à 10 le stress que lui causait l'idée de mourir d'une mort atroce. J'effectuai une série de tapotements. Après la première série, elle eut l'air quelque peu perplexe, mais elle m'assura qu'elle se sentait mieux. Elle expliqua que l'image de la mort atroce était « fractionnée », éclatée. Elle ne pouvait plus en faire une image cohérente et effrayante. Cette fragmentation de l'image diminuait son angoisse.

Une deuxième série de tapotements, tandis que Virginie se concentrait sur cette image moins effrayante, lui suggéra quelques idées cruciales sur l'origine de sa peur de la mort. Elle se rendit compte que ces évocations morbides étaient basées sur son histoire commune avec sa sœur. Leurs vies s'étaient écoulées en parallèle depuis leur plus jeune âge. Elles étaient nées à dix-huit mois d'intervalle, et on les prenait souvent pour des jumelles : habillées pareil, jouant avec les mêmes jouets et ayant eu leurs premières règles en même temps. « C'est comme si nous étions sur les mêmes rails », remarqua Virginie. Elles s'étaient mises également à fumer du tabac et du haschich en même temps, bien que Virginie eût cessé depuis treize ans alors que sa sœur avait continué. Elle demeurait donc persuadée que, comme sa sœur, elle était destinée à une fin douloureuse.

Il faut souligner que Virginie utilisa les réflexions générées pendant la séance d'EMT pour reformuler ses idées :

> Je me suis mise à penser : « Je ne suis pas obligée de vivre comme elle. Même si j'ai le cancer, ça ne doit pas se dérouler de la même façon. Il y a des différences. J'ai arrêté de fumer, j'ai fait des examens médicaux, j'ai essayé de vivre sainement. Ma sœur n'a rien fait de tout cela. Qui sait si mon histoire familiale n'est pas un cadeau qui m'a incitée à m'occuper plus de ma santé ? J'ai mes propres chromosomes, mes propres gènes. Mon histoire ne doit pas nécessairement suivre la même voie que celle de ma sœur. »

Pour la troisième série de tapotements, je demandai à Virginie de penser à la phrase d'ajustement : « Mon destin et le sien ne sont pas irrévocablement liés. » Par la suite, elle dit que cette phrase s'était de plus en plus affermie pendant les tapotements, tandis que son stress tombait d'un niveau pénible de 9 à 1,5. Une semaine plus tard, Virginie arriva pour sa séance avec le sourire. Elle m'assura qu'elle se sentait beaucoup mieux. Elle avait moins peur du cancer. Et même si son angoisse se refit sentir un peu le jour de son dernier examen médical, elle se calma rapidement après. Mais surtout, sa crainte d'une mort prématurée s'était considérablement affaiblie. Elle affirmait :

> Je peux me contenter de me vautrer là-dedans [la peur de la mort] ou je peux prendre des mesures positives, comme surveiller mon régime, marcher tous les jours, éviter les produits cancérigènes. Le reste est affaire de hasard, et si j'ai vraiment un cancer, au moins je partirai en me battant.

Pendant la séance, même sa voix était plus sonore et plus calme.

Lors de sa visite de suivi, deux semaines plus tard, Virginie était toujours calme, en dépit du fait que sa belle-mère l'eut interrogée en détail sur la fréquence du cancer dans sa famille. Ces questions lourdes d'insinuations l'avaient mise mal à l'aise. Mais, après leur conversation, Virginie se rappela qu'elle s'était dotée d'une stratégie constructive pour améliorer sa santé et, forte de cette volonté, elle décida d'ignorer les remarques potentiellement déstabilisantes de sa belle-mère.

Au lieu de s'attarder sur d'éventuels problèmes de santé, elle se répétait régulièrement : « Qu'ai-je fait aujourd'hui pour éviter un cancer éventuel et protéger ma santé ? » Sa nouvelle conduite lui permettait de réévaluer aussi d'autres attitudes stériles. Elle se sentait moins obligée de parler à sa belle-mère : « Rien ne m'oblige à être dans ses bonnes grâces. Je ne dois pas lui faire plaisir à elle ni à quiconque, comme je l'ai toujours fait. »

Malgré tous ces progrès, Virginie disait qu'elle se sentait « bizarre », comme si son comportement et ses sentiments inédits n'étaient pas les siens. En raison de la rapidité et de la persistance des changements psychologiques intervenus, il lui fallut plusieurs semaines pour s'habituer à sa façon de penser rationnelle et à sa sérénité nouvellement acquises. Ce temps d'adaptation est courant quand l'EMT fait bouger les choses en quelques séances seulement. Je pense que c'est l'EMT qui a déclenché les grands changements qui ont permis aux autres aspects de la thérapie de fonctionner.

Surmonter sa peur de parler en public

Un grand nombre de professionnels très qualifiés et reconnus éprouvent malgré tout un stress aigu à l'idée de parler en public. Angoisse généralisée, maux de tête, nausées, vomissements, palpitations et tension générale en sont les symptômes les plus courants. Mélissa, neurologue renommée, donnait souvent des conférences, mais elle continuait d'être très angoissée plusieurs semaines avant une intervention importante. Pendant les présentations, elle parlait d'une façon nerveuse et haletante tout en se demandant si elle s'en tirait correctement. Son manque d'assurance la déprimait et l'irritait, d'autant qu'elle savait que sa carrière en souffrait : « J'aurais dû surmonter ces problèmes », déclarait-elle, exaspérée. Mélissa était lasse de ses blocages et tenait à les dépasser.

Avant de commencer l'EMT, la seule idée de parler en public déclenchait une crispation des muscles de son dos et de ses jambes, qu'elle croisait serrées l'une sur l'autre. Mélissa voulait se voir comme une formatrice dispensant des informations plutôt que comme une intervenante gênée et craintive.

Thérapeute : J'aimerais que vous évoquiez votre prestation du mois prochain et que vous suscitiez ce haut niveau de stress, peut-être 8, que vous venez d'évaluer. [EMT.] Et maintenant, que se passe-t-il ?
Mélissa : Eh bien, je ne sens plus la tension dans mon dos. J'ai commencé par m'imaginer monter sur le podium. C'est à ce moment-là que je ressentais le stress, mais après une brève série de tapotements, je n'arrivais plus à être aussi tendue. J'avais l'impression de pouvoir faire une bonne présentation. En fait, c'est drôle. Quand vous avez commencé à tapoter, je me suis vue monter à l'estrade, mais maintenant, l'image a disparu. Je ne peux plus vraiment la voir et la tension est devenue moins intense.
Thérapeute : Quand l'image disparaît, le stress est désamorcé. Une fois que le stress a disparu, cela signifie en général que les idées qu'il y a derrière ont également changé. Vous commencez alors à envisager votre intervention avec plus d'assurance. Vous voyez l'image d'une bonne présentation parce que votre assurance n'est plus entravée par vos craintes. C'est ce qui semble se produire. Éprouvez-vous toujours un peu de tension ?
Mélissa : Oui.
Thérapeute : Pourquoi ne pas vous concentrer sur cette tension ? [EMT.] Et maintenant, que se passe-t-il ?

Mélissa : Eh bien, je me sens moins tendue. L'image de moi-même en train de m'adresser à un public a progressé. Je pourrais parler plus efficacement et consacrer moins de temps à m'angoisser.

Thérapeute : Êtes-vous irritée maintenant que vous avez regardé en face ces obstacles ?

Mélissa : Mon manque d'assurance m'agace et je m'emporte contre moi-même. On pourrait penser que, depuis le temps, j'aurais surmonté ce problème. Il m'a vraiment entravée. Peut-être pas autant qu'il y a dix ans, mais il a eu quand même un impact négatif sur ma carrière. Ce ne sont pas mes présentations qui me vaudront une reconnaissance professionnelle. Mais j'en ai assez de ce problème et je veux le dépasser.

Thérapeute : Concentrez-vous sur cette idée. Vous êtes fatiguée de cet état d'esprit que vous venez de décrire. [EMT.] Et maintenant, que se passe-t-il ?

Mélissa : On dirait que je n'arrivais plus à penser au stress. J'ai commencé à réfléchir à la prochaine conférence et à la meilleure manière de me concentrer sur la présentation pour bien faire passer les arguments qui me tiennent à cœur. J'ai cessé de m'inquiéter de ce que ce serait d'être sur l'estrade et j'ai pensé davantage à ce que je voulais dire et à la façon de le dire.

Thérapeute : Comment préparez-vous vos interventions publiques ?

Mélissa : Eh bien, j'en prépare certaines par écrit. Cela dépend du contexte, bien entendu, mais ce discours-là sera légèrement différent, car la perspective n'est pas tout à fait la même que celle que j'adopte d'habitude. En général, je décide ce que je vais dire et dans quel ordre. Cette fois-ci, je ne rédigerai probablement pas ma conférence. Lorsque j'ai fait une présentation au président de la faculté de médecine en juillet, je l'avais préparée par écrit. Je n'ai pas suivi mes notes, mais cela m'a aidée à ordonner mes idées.

Thérapeute : Vous avez répété à l'avance ce que vous aviez écrit pour votre présentation de juillet. J'ai toujours trouvé qu'il était très utile de coucher par écrit mes exposés en entier avant de les présenter en public. Je les répète plusieurs fois, mais je ne les lis pas devant l'auditoire. Comme moi, vous ne vous souviendrez pas de la formulation précise, mais vous aurez le souvenir général de ce que vous avez lu et répété. La force de ce souvenir vous permettra de parler plus facilement et avec plus d'assurance.

Mélissa : Je n'ai pas le temps de le faire à chaque fois.

Thérapeute : Eh bien, si vous devez refaire plusieurs présentations semblables, vous n'aurez probablement pas à les rédiger chaque fois. Vous aurez besoin de faire uniquement des modifications mineures. Ça change tout. Si vous ne rédigez pas à l'avance votre intervention, il est souvent difficile de trouver les termes qui conviennent pour exprimer vos idées. Mais si c'est écrit, vous avez un point de référence, pas un texte qu'il faut restituer mot à mot, mais un point de référence. Je suis d'accord, cela prend beaucoup de temps et vous ne l'aurez pas toujours, mais c'est une occasion qui compte pour vous et qui risque de vous angoisser. Cela vaut donc la peine. Et cette rédaction vous aidera à lutter contre l'angoisse parce que vous vous sentirez mieux ancrée dans votre sujet.

Mélissa : L'an dernier, j'ai fait une présentation vraiment bonne. Un groupe de recherche de Harvard m'avait invitée. Au départ, j'étais très tendue, ma main tremblait. Pourtant, même s'il y a des gens assez redoutables à Harvard, je me suis mise dans le rythme de la présentation et j'ai fini par être à l'aise. J'avais donc l'impression de bien m'en sortir. Mais vous dire pourquoi c'était une bonne présentation et que les autres étaient lamentables, j'en suis incapable. Je pense pouvoir préparer cette intervention à l'avance.

Thérapeute : À combien évaluez-vous la tension que vous éprouvez à l'idée de cette conférence à venir, sur une échelle de 0 à 10 ?

Mélissa : Ce n'est pas si mal. Cela n'a jamais été très grave. Je dirais 6 ou 7.

Thérapeute : Bon, ça reste malgré tout élevé. Il faudrait arriver à 1 ou à 0. Quand vous pensez à ce stress de 6 ou de 7, quelle idée vous vient à l'esprit par rapport à la conférence ?

Mélissa : Une partie de la tension vient du fait que même si j'ai déjà donné des conférences semblables, je vais quand même devoir me préparer. Pour être vraiment à l'aise, il faudra que je me prépare davantage. J'aimerais que tout soit déjà terminé.

Thérapeute : Vous soulevez là un point important : je ne sais pas si vous pouvez y couper. Savez-vous pourquoi ? Parce qu'il y a très peu de personnes capables de donner des conférences géniales sans préparation intensive. Imaginez un instant que vous n'êtes pas angoissée. Pensez-vous posséder ce don naturel et exceptionnel de pouvoir parler en public avec une préparation minime ?

Mélissa : J'en doute.

Thérapeute : Je connais une oratrice très charismatique dans ma spécialité. Chaque fois qu'elle donnait une conférence, j'enviais ses talents. Je supposais simplement qu'ils étaient naturels et ne devaient rien à la préparation. Et puis j'ai appris qu'elle rédigeait tout ce qu'elle disait. Après, je me suis senti mieux, parce que je fonctionne de la même façon. Quand j'écris mes discours à l'avance, je m'en tire mieux — beaucoup mieux.

Mélissa : J'aime le mot « charismatique ». J'aimerais pouvoir donner une présentation charismatique. Je devrais peut-être rédiger mes interventions pour ramener mon stress à un niveau acceptable. Ensuite, je conserverais un modèle de l'intervention dans mon ordinateur et je le modifierais en fonction des circonstances. Peut-être que cela me permettrait d'être plus détendue.

Thérapeute : Exactement ! D'abord, diminuez votre tension autant que possible avec l'EMT puis, quand vous serez aussi prête que possible, vous aurez plus de chances de vous couler dans le rythme que vous avez déjà connu à Harvard. Vous vous sentirez plus spontanée et plus naturelle. J'ai dans l'idée que vous devez être une oratrice très intéressante quand vous maîtrisez votre stress et votre préparation.

Mélissa : Je crois que je me suis sentie spontanée et pleine de vie à Harvard. Mais quand je faisais un exposé, il y a quelques années, je n'affirmais rien — je m'interrogeais et j'espérais que le public serait d'accord avec moi. C'était atroce. Mon image négative de moi-même et mon manque d'assurance, c'est… c'est comme si je portais une pancarte qui annonce : « Je suis nulle. »

L'EMT finit par réduire le niveau important de stress que Mélissa ressentait à la perspective de s'adresser au congrès de médecine et renforça sa confiance dans ses talents d'oratrice. Lors du congrès, trois semaines plus tard, son niveau de stress atteignait seulement 5 ou 6, au lieu du 8 ou 10 de départ. Elle était bien mieux préparée, moins gênée et sa présentation reçut un accueil favorable.

Se débarrasser de ses appréhensions avant une intervention chirurgicale

La perspective d'une opération déclenche souvent d'importantes appréhensions qui peuvent commencer des jours, voire des semaines avant l'intervention.

Jeanne, soixante-sept ans, rédactrice en chef à la retraite d'un magazine, devait se faire poser une prothèse totale de la hanche. Elle avait très peur de se faire « découper en morceaux » et de ne pas se réveiller. J'avais fait avec elle une séance d'EMT qui avait permis d'éradiquer presque complètement cette angoisse. Dans la dernière image suscitée par l'EMT, elle se voyait en train de serrer la main du chirurgien après la réussite. Grâce à l'EMT, elle put non seulement se débarrasser de son appréhension, mais aussi avoir une plus grande confiance dans le résultat final, ce qui se produisit deux semaines après l'EMT.

Autre exemple, celui de Lysiane, qui avait été très active comme épouse, mère, infirmière et bénévole dans une association de défense de l'environnement. Malheureusement, le vingt-cinquième anniversaire de son mariage coïncida avec un examen médical qui aboutit au diagnostic d'une tumeur du tympan, qu'il fallait opérer. Elle avait peur de l'opération en tant que telle, de la durée de l'anesthésie, de la façon dont sa famille s'en tirerait pendant son absence et du temps de convalescence nécessaire. Par ailleurs, Lysiane avait l'impression d'être bousculée pour mettre de l'ordre dans sa maison avant l'opération. Enfin, elle culpabilisait à l'idée de laisser la responsabilité du foyer à sa famille et était furieuse de devoir se faire opérer. Elle évaluait son stress à 10, le niveau le plus élevé.

Pendant la première séance d'EMT, elle évoqua sa peur de l'opération et se sentit plus détendue. Elle pensait : « Je dois simplement aller à l'hôpital, subir l'opération et me rétablir en vitesse. » Pendant les séances suivantes, elle se rendit compte que l'angoisse était inutile et stérile. Lysiane avait désormais confiance dans la compétence des chirurgiens, et elle comprenait que le seul élément sur lequel elle avait prise était ses idées. D'autres séances lui apportèrent encore plus de détente et d'optimisme. « Il faut que je le fasse. Je peux y arriver », disait-elle avec conviction. « Je vais laisser mes angoisses de côté, parce qu'à long terme c'est ce qui me convient le mieux. » Elle se sentait à l'aise avec les médecins. Ils lui parlaient de son état avec franchise et simplicité. Finalement, ses craintes initiales de ne pas se réveiller ou d'avoir des complications étaient tombées à un niveau tout à fait gérable. Comme elle avait eu raison de ces angoisses viscérales, des phrases d'ajustement pour les affronter, comme « Tout va bien se passer », pouvaient l'aider à regarder la situation en face.

8

ÉVACUER LA COLÈRE

LA COLÈRE est une émotion naturelle. Il arrive à tout le monde d'être furieux et il est légitime de ressentir et d'exprimer cette émotion. Mais il n'en va pas de même d'un état d'irascibilité constant. Douloureuse, envahissante et destructrice, cette colère-là peut prendre la forme de la rancune, de l'indignation, des récriminations, des explosions de rage et, dans les cas les plus extrêmes, de la violence. Elle entraîne des réactions physiologiques, dont l'hypertension, des éruptions cutanées ou des tensions de toutes sortes. Les recherches scientifiques sur la colère montrent qu'elle est parfois un vecteur important de maladies cardiovasculaires.

LES CAUSES DE LA COLÈRE CHRONIQUE

La colère donne parfois un sentiment de pouvoir, d'autorité ou de vertu. Cette émotion qui vous hisse à la hauteur d'un dieu vient de l'idée qu'il est possible d'arrêter l'injustice, la bêtise et les comportements nocifs ainsi que de réguler les actes d'autrui, le fonctionnement des institutions, voire les forces de la nature.

Renoncer à la colère, c'est donc parfois abandonner un sentiment de pouvoir et d'autorité. Quelques exemples de la pensée à l'œuvre :

- Si je cesse d'être furieux contre ma femme, elle croira qu'elle peut tout se permettre.
- Laisser faire mon patron (ou mon ami), ce serait montrer que je ne prends pas mes principes au sérieux.
- Il faut se mettre en colère pour signifier qu'on défend ses intérêts.
- Je suis en colère contre moi-même pour m'encourager à me dépasser.

Le message qui se cache derrière la colère est le suivant : « Tant que je suis en colère (contre lui, moi-même, eux, le monde...), je suis dispensé d'envisager une modification sérieuse de mon comportement ou de mes exigences irréalistes envers moi-même ou autrui. »

Si vous vous sentez embourbé dans la colère, voici quelques bonnes raisons de vous en extraire. D'abord, dites-vous que la colère vous fait mal, tant physiquement qu'affectivement, et qu'elle ne contribue guère au changement du comportement des autres (ni du vôtre). Ensuite, la colère instaure distance et méfiance là où il faudrait compréhension et coopération. Enfin, elle vous empêche de comprendre le comportement d'autrui et d'y réagir de façon sensée.

Quand on renonce à la colère, on peut avoir l'impression d'être encore plus à la merci de ses sentiments de doute, de peur ou de culpabilité. Mais c'est en prenant toute la mesure de ces émotions et en les acceptant que vous renforcerez votre capacité à dénouer la colère. Loin d'entamer vos forces, l'abandon de la colère les stimule en vous donnant l'ouverture d'esprit et la souplesse nécessaires pour atteindre le but recherché.

LE LÂCHER PRISE

L'individu se met en colère quand ses exigences — envers les autres, lui-même ou les circonstances — ne sont pas satisfaites[1] . Nous pouvons nous emporter contre notre conjoint, nos amis, nos collègues, nos supérieurs, nos enfants et nous-mêmes. Nous avons tous une certaine vision quant au comportement acceptable pour nous-mêmes et les autres. Quand la réalité s'avère en deçà de cette vision, nous sommes souvent déçus et contrariés. Mais si nous allons jusqu'à *réclamer* la justice, la fidélité, l'obéissance et une vie sans accroc, la contrariété et la déception cèdent vite à la colère, au ressentiment, voire à la furie. La conviction qui se cache derrière la colère, et que nous exprimons quand les événements ne se plient pas à notre volonté, c'est : « Ce qu'ils ont fait est inadmissible, inqualifiable, scandaleux !»

Albert Ellis, fondateur de la thérapie comportementale rationnelle-émotive, a développé une méthode efficace dans ce domaine ; elle consiste à remettre en question, à extirper et ensuite à rejeter les exigences à l'origine de la colère. Pour les remettre en question, on commence par se demander : « Pourquoi quiconque devrait se comporter de façon juste et raisonnable, ou comme je veux ? » Si vous répondez qu'il est préférable, plus juste ou plus raisonnable de le faire, posez-vous alors la question : « Pourquoi quiconque devrait avoir ces comportements préférables ? » Le fait qu'un comportement soit préférable ne signifie pas pour autant qu'il faille l'adopter ou qu'il vaudrait mieux le faire. Ce qui est préférable, ou conseillé, n'est pas une obligation. Quand vous avez remis en question vos croyances génératrices de colère, rejetez-les et remplacez-les par l'une ou plusieurs des phrases

1. Albert Ellis, *A Guide to Rational Living,* North Hollywood, Wilshire Book Company, 1973.

d'ajustement ci-dessous. Elles peuvent être utilisées pendant vos séances d'EMT.

- Il a le droit d'avoir des comportements qui ne me plaisent pas (y compris des comportements qui ne sont ni justes, ni honnêtes, ni raisonnables).
- C'est un être humain faillible (pas un sous-homme, ni un débile, ni un tyran).
- J'aimerais que ce soit juste, mais cela ne doit pas l'être nécessairement.
- Je n'apprécie pas cela, mais je peux le supporter (je l'ai supporté auparavant).
- Je ne peux pas contrôler les autres, je ne peux que me contrôler moi-même.
- Il n'est écrit nulle part que les choses doivent se passer comme je le veux.

L'EMT peut vous débarrasser de votre colère, quelle qu'en soit l'origine, et qu'elle soit dirigée contre autrui, une situation ou vous-même. En s'estompant, votre colère laissera la place à une attitude plus tolérante. Cette nouvelle attitude vous permettra d'appréhender les ennuis et les contrariétés sans y réagir de façon stérile.

Guérir de la colère contre vous-même

Les pressions de la vie citadine et de l'insécurité professionnelle se font durement sentir de nos jours, en particulier dans les familles touchées par le divorce. Là, les préoccupations qui en découlent deviennent parfois écrasantes. Or, quand l'individu est accablé et incapable de résoudre un problème, il est susceptible de réagir avec colère.

Milène avait quarante-deux ans et sa fille, quatorze. Après des sévices et des négligences, son mari lui avait fait endurer un long et acrimonieux divorce. Bien qu'elle fût parvenue à atteindre un sentiment d'équilibre et d'indépendance, Milène était souvent épuisée du fait d'un emploi du temps chaotique et chargé. Devant assumer deux postes, ses obligations familiales et l'éducation de sa fille, elle avait peu de temps pour s'occuper d'elle-même et sortir. Elle évaluait à 8 (sur une échelle de 0 à 10) le stress engendré par la vie effrénée qu'elle menait. Pourtant, il apparut clairement lors d'une séance d'EMT qu'elle ajoutait des tensions et des frustrations inutiles à son stress, déjà important.

Pendant la séance, Milène se plaignit du fait de devoir se lever tôt le matin et de toutes les tâches à accomplir dans la soirée, dont le ménage et le paiement des factures. Selon ses propres termes : « Je ne termine rien, parce qu'il y a toujours une autre priorité pour m'interrompre ! » Milène croulait sous la culpabilité de ne pas consacrer suffisamment de temps à sa fille. Cette dernière avait de bonnes notes, des activités, des amis et semblait parfaitement heureuse, mais Milène estimait avoir plusieurs raisons d'être furieuse : un manque de temps général ; les exigences et les pressions qu'elle subissait ; l'épreuve qu'elle avait subi à quarante-deux ans. « Je ne devrais pas avoir à supporter tout cela ! », insistait-elle. Elle ne menait pas la vie « normale » dont elle avait autrefois rêvé.

La première série d'EMT fut effectuée pendant que Milène se concentrait sur sa pensée principale : « Je n'ai jamais assez de temps. » Bien que toujours en colère après cette série, elle découvrit un tableau plus complet des réflexions qui alimentaient son stress. Elle commença à admettre que, une fois terminée la liste des corvées à faire impérativement, elle s'obligeait à en rajouter, tout en faisant fi des limites de temps évidentes.

L'EMT commence en général à fonctionner après la première ou la deuxième série de tapotements ou de mouvements oculaires. Pourtant, le stress de Milène demeura à un niveau élevé jusqu'à la cinquième série. Puis, tout d'un coup, le calme se fit en elle. Selon ses propres paroles : « Je pense que je devrais moins m'énerver du peu de temps que j'ai pour tout terminer. J'aimerais mener à bien des petits projets, mais même si je n'y arrive pas immédiatement, ils finiront pas se faire quand même. » C'était la première fois, autant qu'elle s'en souvienne, qu'elle regardait sa vie avec autant d'indulgence. À tel point qu'elle avait peine à y croire.

Un mois après cette séance, Milène continuait sur la voie du progrès. Elle ne s'acharnait plus à terminer rapidement ses corvées et ses projets, et elle manifestait plus de sérénité à l'idée de ne pas mener à bien une tâche si elle n'en avait pas le temps. Au lieu du rythme frénétique qu'elle s'imposait pour effectuer tout ce qu'elle avait prévu de faire, elle parvenait à prendre le temps et à être plus détendue, tout en se sentant aussi efficace qu'avant. En outre, elle pouvait se féliciter de la réussite de sa fille sans la culpabilité mordante qu'elle éprouvait d'habitude.

Le ressentiment envers les collègues

Daniel, responsable technique dans une entreprise de télécommunications, éprouvait du ressentiment envers les commerciaux de la maison. Il prit le mors aux dents quand l'un d'eux se trompa dans le rendez-vous de maintenance qu'il indiqua à un client, puis rejeta la faute sur Daniel. Cela c'était produit plus d'une fois. Daniel avait refusé récemment une invitation à une réception organisée par la force de vente parce qu'il leur en voulait toujours de l'avoir accusé à tort. Ironie de la chose, il se délectait de cette rancune. Il avait, estimait-il, le droit de leur refuser gratuitement un service en faisant semblant de ne pas comprendre. Il ne pouvait peut-être pas obliger les vendeurs à assumer davantage leurs responsabilités, mais au moins pouvait-il se venger par son comportement passif-agressif.

Daniel, qui n'avait aucun mal à se défouler en psychothérapie, ne montrait pourtant pas clairement la volonté de renoncer à sa rancune ou à son comportement passif-agressif. C'est pourquoi je lui parlai d'une technique qui pourrait l'aider à se sentir mieux. Je l'assurai qu'il ne devrait pas pour autant changer de comportement ou d'opinion à l'égard des commerciaux. La première série d'EMT lui permit de cesser momentanément de ressasser sa rancune infinie. Qui plus est, en se concentrant sur une sensation physique (les tapotements sur les mains), Daniel commença à se calmer.

Pendant la deuxième série d'EMT, il se détendit considérablement. Il estimait que sa concentration sur les tapotements ne faisait que détourner son attention de sa rancœur sans pour autant entamer les idées qui en étaient à l'origine. Il était d'accord, néanmoins, avec l'idée qu'il valait mieux se détendre que de remâcher sa rancune. Et, à ce moment précis, son problème avec les vendeurs ne le préoccupait plus. Au fil de la séance, Daniel commença à considérer ce ressentiment comme un poids inutile. Ce changement de perspective était produit par l'EMT ; ce n'était pas du tout à mon instigation qu'il s'était opéré. Fait étonnant, Daniel reconnut que cette propension à réagir à chaud quand il était irrité au travail hypothéquait ses évaluations de performance et même ses chances de promotion. Il n'avait pas ouvertement reconnu ce problème auparavant. Daniel avait maintenant envie d'apprendre à pratiquer l'EMT pour maîtriser sa rancune quand elle réapparaîtrait.

Pendant plusieurs semaines, Daniel utilisa les tapotements d'EMT pour se détendre, diminuer sa colère et maîtriser ses réactions excessives au travail. Il comprenait désormais que « se délecter » de sa rancune et de la colère ne valait ni l'inconfort de ces émotions négatives, ni le risque de compromettre une promotion. Cette meilleure conception de la vie se traduisit par une approche vraiment nouvelle de ses difficultés professionnelles.

L'épouse en colère

Les jeunes couples sont parfois propulsés dans la tourmente des problèmes que pose leur belle-famille. Sylvia en voulait toujours à son mari de ne pas l'avoir défendue face à sa belle-mère, qui l'avait dénigrée un an et demi avant leur mariage. Sylvia s'était emportée contre elle, croyant qu'elle voulait s'opposer à leur union. Par la suite, elle avait présenté ses excuses et fait de nombreuses tentatives de réconciliation au moyen de lettres et d'invitations à dîner, mais sa belle-mère refusait de la revoir. À Noël, son mari s'était rendu seul chez sa mère pour quelques heures. Non seulement Sylvia était vexée par cette rebuffade, mais elle en voulait à son mari de ne pas avoir volé à sa défense. Elle commença l'EMT en se concentrant sur cet événement.

Thérapeute : [EMT pour traiter la colère de Sylvia envers son époux.] Et maintenant, que se passe-t-il ?
Sylvia : J'ai une impression différente. Je me sens très bien. Je ne le déteste plus pour l'instant.
Thérapeute : Aussi rapidement que cela ?
Sylvia : Oui. Mais maintenant, c'est sa mère que je hais.
Thérapeute : Nous nous occuperons de cela plus tard. Pourquoi ne détestez-vous plus votre mari en ce moment ?
Sylvia : Je n'en sais rien. Je me sens plus calme. Je n'ai pas de raison de le haïr.
Thérapeute : Mais ne devrait-il pas passer un savon à sa mère ?
Sylvia : Si, c'est ce qu'il devrait faire.
Thérapeute : Bien. Mais est-ce que cela vous met en colère ?
Sylvia : Non.
Thérapeute : Mais vous pensez avec autant de conviction qu'il devrait affronter sa mère ?

Sylvia : Peut-être que je viens juste d'abandonner cette idée. J'ai l'impression que je devrais lâcher du lest et laisser les choses se faire, étant donné que je n'arriverai pas à faire changer mon mari.

Thérapeute : Voilà. Si vous pouvez l'accepter tel qu'il est, vous ne serez plus en colère. Mais maintenant, en ce qui concerne les fêtes de Noël ?

Sylvia : Cela me met toujours en rogne, mais je ne peux rien y faire. Il vaut mieux que je laisse tomber.

Thérapeute : Parce que tous vos efforts pour persuader votre mari de s'opposer à sa mère n'ont servi à rien. Bien. Quel est le niveau de votre colère contre lui sur une échelle de 0 à 10 ?

Sylvia : Environ 5.

Thérapeute : Vous éprouvez toujours de la colère. Je veux que vous vous concentriez sur cette colère contre lui, et nous ferons une autre série de tapotements. [EMT.] Et maintenant, que se passe-t-il ?

Sylvia : Je me sens mieux. Je ne suis plus aussi fâchée contre lui. Je ne peux rien faire pour le changer.

Thérapeute : Très bien. Mais n'allez-vous pas être perdante dans l'affaire des visites à sa mère ?

Sylvia : Si. Mais il aime sa mère, et je peux le comprendre.

Thérapeute : Où en est votre colère maintenant sur une échelle de 0 à 10 ?

Sylvia : 0.

Thérapeute : C'est vrai ?

Sylvia : Mais sa mère, je la déteste vraiment.

Thérapeute : Voulez-vous vous débarrasser de cette colère ?

Sylvia : Oui. Enfin, non, parce que je la déteste. Elle a gâché le bon rapport que nous avions toutes les deux.

Thérapeute : Ne vaudrait-il pas mieux penser quelque chose du genre : « D'accord, c'est un être humain faillible, qui se trouve être ma belle-mère. Elle aurait fait la même chose avec n'importe quelle belle-fille… » ?

Sylvia : Je ne sais pas si je peux croire à cela. Je suis tellement remontée contre elle.

Thérapeute : Et qu'en est-il de votre culpabilité ? Cette forte culpabilité que vous éprouvez de vous être emportée contre elle avant le mariage ? La ressentez-vous toujours ?
Sylvia : Oui.
Thérapeute : Voudriez-vous vous débarrasser de cette culpabilité ?
Sylvia : Non.
Thérapeute : Pourquoi ?
Sylvia : Parce que j'ai l'impression d'avoir fait quelque chose de mal.
Thérapeute : Oui, mais vous pourriez cesser de vous réprimander à ce sujet. Vous penserez toujours avoir mal agi, mais vous ne vous fustigerez plus pour autant. Cela vous semble-t-il juste ?
Sylvia : Oui.
Thérapeute : Bien. Quand vous pensez à la culpabilité, vous pensez à l'épisode de l'altercation.
Sylvia : Oui, je n'aurais pas dû lui crier dessus. Les choses n'auraient jamais été aussi loin.
Thérapeute : Et que lui avez-vous dit ?
Sylvia : Je lui ai dit en hurlant : « Qu'est-ce que vous recherchez, franchement ? Comment pouvez-vous mentir à ce point ? Je n'ai jamais dit que vous essayiez de gâcher mon mariage. »
Thérapeute : D'accord. Concentrons-nous là-dessus. Pensez à cet incident. [EMT.] Et maintenant, que se passe-t-il ?
Sylvia : Je crois que mes hurlements n'ont pas changé grand-chose, parce qu'elle aurait été fâchée de toutes les façons. Mais il me semble que cela concernait davantage le déroulement de la cérémonie. La façon dont elle a réagi quand nous avons refusé la date qu'elle avait choisie. Je pense que mes cris ont été pour elle la goutte qui fait déborder le vase. Elle était déjà furieuse contre moi. Et je ne devrais pas me sentir coupable à cause de cela, parce qu'elle m'a menti et que j'ai dû me défendre. C'est juste que j'aurais mieux fait de ne pas hurler.
Thérapeute : Oui, il ne s'agit pas d'assumer toute la responsabilité. Il y a plein de choses qui, vous le savez, ont mécontenté

votre belle-mère, mais elle s'est obstinée à vous rendre responsable de tout. Si bien que vous abordez la situation sous un jour meilleur. Bien meilleur.

Deux semaines après sa première séance d'EMT, Sylvia annonçait que sa rancune constante contre son mari avait complètement disparu. Elle maîtrisait ses emportements occasionnels en quittant la pièce et en utilisant des techniques de relaxation. Elle n'éprouvait plus aucune culpabilité de s'être emportée contre sa belle-mère avant son mariage et ne lui en voulait plus d'avoir refusé de la rencontrer par la suite. La rupture avec sa belle-mère était douloureuse, mais Sylvia gardait l'espoir de pouvoir un jour se réconcilier avec elle.

Un adolescent face au rejet

Les amis de Jonathan, dix-sept ans, se servaient de lui, notamment de sa voiture, sans jamais l'intégrer à leurs activités. Puis ils se vantaient derrière son dos d'avoir profité de lui. Ce rejet le vexait et le rendait furieux. Il estimait son niveau de stress à 10. D'un autre côté, il voulait désespérément maintenir ces amitiés superficielles et, de toute façon, il ne croyait pas pouvoir envisager différemment cette situation.

Malgré son scepticisme, Jonathan réagit bien à la première séance d'EMT et se déclara plus détendu, comme s'il avait reçu un « massage ». Son comportement envers ses amis « profiteurs » évolua pendant ce traitement. Après deux séances, il fut à même de verbaliser des idées moins désespérées pour affronter la situation : « Ce n'est pas si grave que cela. C'est de l'histoire ancienne. » Quand je lui demandai ce qu'il ferait si l'un de ses « amis » se vantait encore de l'avoir utilisé, il répondit : « Je me contenterai de l'ignorer. »

Cette séance précise démontre que l'EMT peut réussir à 100 % même si la personne n'a au départ aucune confiance dans sa capacité à affronter la situation qui la déstabilise. Avant l'EMT, Jonathan rejetait les propositions que je lui soumettais. À la fin de la première séance, l'affaire ne le préoccupait plus. Son désarroi était remplacé par une impression de détente si agréable qu'il la comparait à l'effet du gaz hilarant, et cela venant d'un garçon qui souffrait d'angoisse et de dépression légère depuis l'âge de douze ans. Au cours des visites suivantes, je renforçai ses nouvelles compétences à l'aide de l'EMT. Il acceptait avec plus de sérénité l'idée d'avoir perdu ses amis, malgré quelques rechutes dans ses vieux modes de pensée.

Réagir face aux insultes à seize ans

Grégory, adolescent paisible et sensible, était bon élève et passionné de skateboard et de snowboard. Il en voulait à un de ses compagnons d'école et avait menacé de lui casser la figure pour s'être moqué de ses prouesses au skateboard (« Grégory est un nul »). Ce sport était presque sa religion.

> *Thérapeute* : Quel est votre niveau de stress lorsque vous pensez à ce que vous ressentez quand votre camarade de classe vous dit ces choses qui vous perturbent ?
>
> *Grégory* : Quand j'y pense, c'est sûrement un niveau 10.
>
> *Thérapeute* : Quelle est la pensée qui vous vient à l'esprit et qui vous stresse à ce point-là ?
>
> *Grégory* : Le fait qu'il s'estime meilleur que moi. Qu'il continue de le dire à mes amis.
>
> *Thérapeute* : Pouvez-vous maintenant évoquer cette idée et vous mettre dans cet état de stress ? Bien. Fermez les yeux. [EMT.] Et maintenant, les yeux ouverts : que se passe-t-il ?
>
> *Grégory* : Je suis détendu, mais je ne sais pas si je suis moins retourné. Je crois que si je quittais maintenant la séance, je pourrais vraiment me fâcher. Je ne suis pas en colère, mais je sais que si je le vois à nouveau, je serai furieux contre lui.

Thérapeute : Pouvez-vous vous imaginer que vous le rencontrez tout de suite et faire naître ce niveau de stress ? Gardez les yeux fermés ; imaginez que vous le rencontrez et que vous vous remettez en colère. Pensez de nouveau qu'il croit être plus fort que vous. [EMT.] Ouvrez les yeux. Maintenant, que se passe-t-il ?
Grégory : Je suis plus détendu. Je n'arrive plus vraiment à y penser.
Thérapeute : À combien estimez-vous votre stress à ce moment ?
Grégory : À 3.
Thérapeute : Est-ce que cette idée de ne plus pouvoir vous mettre en colère à ce sujet ne vous déconcerte pas un peu ?
Grégory : Si.
Thérapeute : Vous espériez pouvoir continuer de vous mettre en colère, n'est-ce pas ? Je vous ai pris votre colère. Et vous voulez vous fâcher parce que …
Grégory : Parce que ce problème va continuer. Je ne sais pas si je dois lui casser la figure ou l'ignorer.
Thérapeute : Maintenant, quelle est la pire chose qui puisse se produire si vous n'étiez pas en colère ?
Grégory : Je passerais pour un type qui ne se défend pas, une mauviette.
Thérapeute : Tout le monde peut passer pour une mauviette. Même Arnold Schwarzenegger.
Grégory : Vous ne pouvez pas dire qu'Arnold Schwarzenegger est une mauviette.
Thérapeute : Ah bon ? Arnold Schwarzenegger est une mauviette. Voilà, je viens de le dire.
Grégory : Vous le lui diriez en face ?
Thérapeute : Pas question. Derrière son dos, bien sûr. En fait, c'est une bonne explication de la façon dont la critique touche les gens. Il y a vingt ans, un champion de boxe se déclarait prêt à tuer quiconque le critiquerait. Vous savez pourquoi ? Parce qu'il ne se respectait pas lui-même. Malgré tous ses titres de champion, il restait persuadé qu'il n'était pas encore assez bon. Ce qui aussi est votre cas. Voyons donc cette question. Le pire qui puisse arriver si vous ne vous fâchez pas, c'est que les autres

vous traitent de mauviette, et que vous ne ripostiez pas. Êtes-vous toujours préoccupé à l'idée de ne pas pouvoir vous mettre en colère ?

Grégory : Tout ce qui m'inquiète, c'est que je serai humilié s'il m'insulte et que je ne me bats pas contre lui.

Grégory avait l'impression qu'il fallait impérativement être en colère et se sentir humilié si on le rabaissait verbalement. S'il ne se défendait pas, il se jugerait comme une mauviette, et les autres aussi. Je lui demandai de pratiquer l'EMT à la maison quand il serait en colère et bouleversé, de ne pas évacuer ces émotions, mais simplement de se détendre pour mieux supporter le stress qu'elles généraient. Cette séance montre clairement que si vous voulez rester fâché, l'EMT vous permettra de comprendre pourquoi. Puis, une fois que vous avez considéré ces raisons, vous pouvez décider si elles ont encore une quelconque valeur pour vous. Et si vous voulez renoncer au stress, l'EMT vous permettra d'y parvenir.

Identifier le problème dans son ensemble

L'EMT vous permet de découvrir tous les aspects importants du problème que vous souhaitez résoudre. Le plus souvent, le problème dans son ensemble a ses racines dans des événements récents de votre vie. Pourtant, de temps à autre, des réminiscences d'expériences importantes de l'enfance peuvent être provoquées par une séance d'EMT. L'expérience aura un lien important avec le problème présent et aura sa place dans une résolution réussie de celui-ci.

José, petite cinquantaine, ingénieur, avait un poste de responsabilité dans un laboratoire de recherche. Il avait aimé son travail pendant les quinze dernières années, mais il était irrité par la lamentable structure de gestion de l'entreprise. L'EMT révéla que la colère qu'il éprouvait au sujet du piètre travail de son patron et de ses collègues avait un rapport avec son enfance. Les pensées de José remontèrent jusqu'à son école primaire. Il se souvenait d'un garçon qui l'énervait particulièrement, et qui ressemblait beaucoup à l'un de ses collègues actuels. Les parents de José lui enjoignaient sans cesse de ne frapper ni d'ennuyer qui que ce soit. Son camarade de classe le harcelait et avait un comportement étrange (comme son collègue). José se rappela combien cela l'avait rendu malheureux de devoir supporter les tourments que lui infligeait cet enfant. Et penser qu'il laissait la même situation se reproduire à l'âge adulte…

Une poursuite de l'EMT fit apparaître d'autres souvenirs d'enfance. On apprenait à José que c'était mal d'exprimer ses sentiments parce que cela pouvait faire du mal à quelqu'un ou même le rendre malade. Son père lui répétait toujours : « Ne rends pas ta mère malade. Elle a assez de problèmes comme ça. Fais en sorte qu'elle ne s'inquiète pas pour toi. » Et sa mère lui transmettait le même message : « Ton père travaille tellement dur ; il faut qu'il puisse se détendre quand il rentre à la maison. » La relaxation de son père consistait en partie à s'isoler de sa famille, si bien que José n'eut pas une vraie relation avec lui.

L'EMT encouragea José à croire qu'il avait le droit d'éprouver la colère qu'il avait étouffée depuis l'enfance comme émotion inacceptable. Seulement, sa colère était si forte et si constante qu'il avait peur de ne plus se maîtriser s'il l'exprimait. Bien que le problème de José fût lié à des souvenirs d'enfance, sa colère actuelle reflétait le devoir qu'il s'imposait de bien gérer des situations sur lesquelles, de son propre aveu, il n'avait aucune prise. En pratiquant à la maison l'EMT et en utilisant des phrases d'ajustement, il apprit à ne plus attendre des autres, en particulier de ses collègues, qu'ils fassent preuve de compétence et d'équité. L'EMT devint pour lui une technique de détente efficace, même si elle ne lui permit pas de résoudre complètement son problème de colère. Heureusement, cette réaction incomplète à l'EMT est l'exception plutôt que la règle. L'EMT ne soulage pas tous les types de stress chez tout le monde. Mais, malgré ses limites, elle aida José à identifier et à résorber en partie la colère qui couvait en lui.

9

ATTÉNUER DOULEURS CHRONIQUES ET MAUX DE TÊTE

LE RAPPORT ENTRE DOULEUR ET STRESS

L'EMT est utile dans le traitement des douleurs chroniques : maux de tête graves, maux du dos, douleurs dues à l'arthrose, au cancer et à la fatigue chronique ainsi que tout autre type de douleur ne réagissant pas aux traitements médicaux. La douleur et le stress sont souvent liés. En effet, la douleur rebelle engendre un stress et une tension physique qui, à leur tour, renforce l'intensité de la douleur. Dans certains cas, le stress est une cause importante de douleur.

Vous ne vous rendez pas nécessairement compte de la façon dont le stress produit par les émotions et les sentiments négatifs peuvent déclencher des réactions comme les douleurs, les tensions ou l'épuisement. L'EMT est à même de mettre en lumière le lien fondamental existant entre le stress et les symptômes douloureux, parfois en quelques minutes seulement. Une fois ce lien établi, le patient peut :

- apaiser l'émotion stressante et la tension physique ;

- évoluer vers un sentiment de détente et de bien-être ;
- soulager les symptômes douloureux.

Mettre en évidence le lien entre douleur et stress

Dans les deux cas suivants, les personnes que j'ai traitées ont découvert grâce à l'EMT comment le stress et la tension augmentaient leur douleur et les gênaient dans leur quotidien bien au-delà de l'impact de la douleur en tant que telle.

Solène, trente-deux ans, était d'un naturel optimiste et joyeux. Elle s'occupait avec plaisir de son mari et de ses deux enfants et aimait son travail auprès d'enfants handicapés. Et puis, par un après-midi d'hiver sur une route verglacée, elle eut un accident de voiture : une automobile percuta l'arrière de sa camionnette. Solène subit un coup du lapin et dut arrêter de travailler en raison de douleurs aiguës au cou et aux épaules. L'indemnisation due par son employeur se faisait attendre. Solène était donc frustrée et en colère quand elle arriva dans mon cabinet pour entamer une thérapie. J'utilisai l'EMT pour soigner le stress et la douleur dont elle se plaignait.

Thérapeute : Vous êtes remontée contre votre avocat, contre votre employeur et contre le « système », et vous évaluez votre niveau général de colère à 10, le niveau le plus élevé. Pourquoi êtes-vous en colère ? On vous a dit de reprendre votre travail, mais votre patron ne vous le permet pas. Vos droits d'accidentée du travail sont passés à la trappe et, pour couronner le tout, vous n'en pouvez plus de souffrir. Des gestes ordinaires, comme porter votre bébé, sont difficiles en raison des poussées de douleur. D'accord. Voyons si nous pouvons atténuer ces douleurs physiques. Quand vous pensez être en colère contre votre avocat, une image vous vient-elle à l'esprit ?

Solène : J'ai l'impression d'avoir choisi le mauvais avocat.

Thérapeute : Très bien, concentrons-nous là-dessus. Je vais tapoter vos mains. Dites-vous que vous n'avez pas le bon avocat, et je vous tapote les mains. [EMT.] Ouvrez doucement les yeux. Que se passe-t-il maintenant ?

Solène : La douleur du cou et des épaules est toujours pénible, c'est un élancement qui descend le long de mon dos. Cela vient juste d'empirer.

Thérapeute : Cela a juste empiré pendant les tapotements ?

Solène : Oui.

Thérapeute : D'accord. Je crois que nous commençons à identifier un lien douleur-stress. Vous pensez à votre avocat et votre douleur s'accentue. Concentrons-nous seulement là-dessus. [EMT.] Ouvrez doucement les yeux. Que se passe-t-il maintenant ?

Solène : Toujours pareil. Il n'y a rien d'autre que cette douleur intolérable qui me traverse le cou, les épaules et s'élance jusqu'en bas du dos.

Thérapeute : D'accord. Je vais tapoter vos genoux cette fois-ci. Concentrez-vous à nouveau sur la douleur. [EMT.] Que se passe-t-il maintenant ?

Solène : Ça, c'est une surprise ! Je suppose que cela me détend parce que je sens un soulagement, et la douleur est moins grande.

Thérapeute : Bien. Continuez de vous concentrer sur la douleur. [EMT.] Ouvrez doucement les yeux. Que ressentez-vous ?

Solène : Même chose. Je suis détendue, mais la douleur est toujours en arrière-plan. Je suis plus consciente de la douleur.

Thérapeute : Auparavant, c'était le stress qui accaparait votre attention, et maintenant c'est la douleur ?

Solène : Oui.

Thérapeute : Êtes-vous toujours détendue ?

Solène : Oui.

Thérapeute : J'aimerais que vous vous concentriez de nouveau sur la colère que vous éprouvez à l'égard de votre avocat. Vous risquez peut-être d'éprouver une poussée de douleur. Mais ce que je vous demande de faire, c'est d'évacuer la colère pour

qu'elle cesse d'aggraver votre douleur. Allons-y. Concentrez-vous là-dessus. [EMT.] Que se passe-t-il maintenant ?
Solène : À nouveau, la douleur se ravive.
Thérapeute :Vraiment ? Donc, la pensée de l'avocat a disparu, et vous avez ressenti la douleur. Concentrons-nous de nouveau sur la douleur et voyons si nous pouvons favoriser la relaxation comme nous venons de le faire. [EMT.] Ouvrez doucement les yeux. Que se passe-t-il maintenant ?
Solène : Je me détends de nouveau, mais la douleur est toujours présente.
Thérapeute : Poursuivons. [EMT.] Que ressentez-vous ?
Solène : Je suis plus détendue. La douleur est plus supportable, mais elle est toujours présente.

Grâce à cette séance d'EMT, Solène a compris comment sa colère aggravait ses douleurs. Quand la douleur était la cible de l'EMT, elle se détendait et la ressentait moins. Plusieurs mois après, quand la tension due aux aspects juridiques de sa situation disparut et que sa rééducation physique eut progressé, l'EMT produisit une détente plus profonde et un soulagement de la douleur plus important. Pour finir, Solène fut capable de reprendre le travail qui lui plaisait tant.

L'exemple suivant illustre, lui aussi, l'importance de la relation douleur-stress. Martin était un chef cuisinier jouissant d'une réputation nationale. Dix ans auparavant, il s'était blessé le dos au travail en levant un objet de plus de 90 kg. Il avait repris le travail, mais il éprouvait des douleurs de plus en plus fortes au dos qui finirent par le clouer au lit. Par la suite, Martin subit une intervention chirurgicale, et il retrouva pratiquement son état normal pendant les années qui suivirent. Il s'adonnait à des sports exigeants comme la course de ski de descente et le hockey sur gazon. Malgré les poussées douloureuses, un mélange de kiné et de traitements médicamenteux lui permettait de conjuguer un emploi du temps professionnel bien rempli et ses loisirs sportifs. Malheureusement, il eut un deuxième accident au dos, toujours au travail, en sortant un plateau très lourd du four. Une nouvelle fois affaibli, il subit une deuxième opération qui ne lui procura qu'un soulagement temporaire. Une troisième opération aggrava ses douleurs lombaires qui, désormais, irradiaient jusqu'à sa jambe droite.

Martin arriva dans mon cabinet, tordu par la souffrance ; il marchait d'un pas saccadé en s'aidant d'une canne. Il était furieux d'être dans cet état, furieux contre les médecins d'avoir raté les opérations, et il s'inquiétait de la précarité de sa situation financière et de ses problèmes conjugaux — le tout lié à ses accidents. Il avait perdu tout intérêt pour les activités qu'il avait appréciées et reconnaissait être très déprimé. Ayant une grande expérience dans le traitement des douleurs du dos, je savais que la tension musculaire et le stress aggravaient sa souffrance. Je lui proposai une simple technique de relaxation, mais il rétorqua avec insistance que seul le retour au travail ou l'amélioration de sa situation financière pourraient soulager son stress. Il campait si fermement sur ses positions que je doutais qu'il accepte de pratiquer des exercices de relaxation.

Malgré ses réserves, je finis par le convaincre de consentir à une séance de tapotements EMT, qui ne prendrait que quelques minutes. Je commençai à tapoter tandis qu'il se concentrait sur les douleurs de son dos. Presque immédiatement, je vis ses épaules se relâcher et se détendre. Au bout d'une minute et demie, il déclara : « Il se passe quelque chose. Je sens la tension s'évacuer de mon corps. » Cela le surprit, et il accepta de poursuivre la séance. À peine cinq minutes s'étaient écoulées qu'il avait déjà sommeil, lui qui avait tant de mal à s'endormir le soir.

Ce calme, nouvellement découvert, lui permit de reconnaître que sa douleur et sa gêne physique le stressaient. Pour ménager son dos, Martin soumettait certains muscles à un effort intense qui à son tour causait une tension généralisée et des douleurs musculaires ailleurs. Ce déplacement de l'effort déséquilibrait sa posture et l'obligeait à se servir d'une canne, renforçant, au lieu de corriger, ses déséquilibres musculaires. Je lui montrai comment effectuer les tapotements chez lui pour soulager les tensions musculaires et le stress affectif.

Martin n'est pas revenu pour une deuxième visite, et j'ignore s'il a poursuivi la pratique de l'EMT. Il me semble que, en raison de sa mentalité « tout ou rien », il ne pouvait concevoir qu'un état de mobilité parfaite ou un handicap horrible, et il était peu probable qu'il l'échange, plus que pendant quelques instants, pour une vision plus souple et plus réaliste qui lui aurait permis de s'adapter à ses limites actuelles. Sa conception rigide de ce qui est acceptable en matière de bien-être et de bonheur ne pouvait que favoriser ses idées pessimistes. Pourtant, je crois lui avoir offert un choix grâce à la formation à l'EMT : le choix d'être moins tendu, moins déprimé et de garder l'espoir, malgré des limites pénibles, certes, mais pas forcément écrasantes.

Atténuer la douleur en supprimant la tension

Certains individus ont un niveau de tension physique habituellement élevé, quel que soit leur niveau de stress. Quand une personne comme Anne-Marie (dont le cas est exposé ci-dessous) souffre de fortes tensions physiques et de douleurs chroniques importantes, la tension peut aggraver ces dernières qui, à leur tour, accentueront la tension musculaire. L'EMT est à même d'interrompre ce cycle.

Approchant la cinquantaine, une vie de couple heureuse et deux enfants adultes ayant bien réussi dans la vie, Anne-Marie avait des maux de tête sévères, des douleurs dorsales et cervicales chroniques, conséquences des nombreuses années d'efforts musculaires dans son métier, puisqu'elle devait se pencher et soulever des poids. Grâce à l'intervention de l'EMT (tapotements), il apparut clairement que la tension physique accentuait sa douleur. La relaxation induite par les tapotements parvenait à ramener sa tension à un niveau modeste. Comme la concentration sur la douleur et le stress ne produisait aucun soulagement, je lui demandai de se concentrer, pendant la pratique de l'EMT, sur le mot « relax », évoquant la syllabe « re » en inspirant et la syllabe « lax » en expirant. Grâce à cette association de l'EMT et de la respiration, Anne-Marie accéda à une détente proche du sommeil, même si son cou lui faisait toujours mal. Après trois applications de l'EMT, elle eut l'impression que le stress l'avait abandonnée et elle éprouvait une légère euphorie. La détente se faisait sentir comme une chaleur se dégageant de ses épaules. La douleur diminua et l'impression de tension et de crispation s'estompa.

La relaxation induite par les tapotements permit, au bout de cinq minutes environ, de ramener la tension d'Anne-Marie de 9 à 3 (0 étant l'équivalent d'une absence totale de tension). Ses douleurs, quelque peu soulagées, devinrent plus supportables. En pratiquant l'EMT chez elle pour se détendre, elle connut un sommeil plus réparateur. Lors d'une visite de suivi deux semaines plus tard, Anne-Marie confirma qu'elle parvenait à bien se détendre avec l'EMT, que ses douleurs la réveillaient moins souvent pendant la nuit et qu'elle se sentait plus reposée au réveil.

SOULAGER LES MAUX DE TÊTE AVEC L'EMT

Le stress peut déclencher et renforcer les maux de tête aigus et rebelles, y compris les migraines, les céphalées de tension et les algies vasculaires de la face (ou *cluster headaches).* Bien entendu, d'autres facteurs favorisent l'apparition des maux de tête, comme l'hérédité, les influences hormonales, la consommation de drogues et d'alcool ou le régime alimentaire. Selon une enquête récente menée auprès de migraineux, 50 % des sondés estimaient que le stress jouait un rôle dans leurs maux de tête. Mon expérience clinique m'a appris que la colère et l'inquiétude sont les émotions principales qui contribuent aux maux de tête aigus. La colère peut être dirigée contre les autres ou soi-même, et l'angoisse est souvent généralisée. Un nombre important de personnes souffrant de maux de tête, en particulier les migraineux, avouent être des anxieux.

L'EMT peut mettre en évidence le rapport entre stress et douleur chez les sujets souffrant de maux de tête chroniques. Elle permet ainsi un soulagement : ces maux de tête deviennent moins fréquents, moins intenses et de plus courte durée. Une fois le facteur de stress maîtrisé, le patient a éliminé au moins un des facteurs déclencheurs de ses maux de tête.

Traitement des migraines et des céphalées de tension

Les deux personnes dont le cas est présenté ci-dessous souffraient à la fois de migraines et des maux de tête appelés céphalées de tension. Ces douleurs constituaient parfois un handicap, tant elles étaient fortes. Toutes les deux avaient essayé de nombreux médicaments, tant en vente libre que sur ordonnance.

Sandra attribuait ses maux de tête au stress, mais aussi à son régime alimentaire. Parmi les facteurs de stress qu'elle évoquait, il y avaient les mauvaises notes de son fils de seize ans, un mari atteint d'un cancer (curable) et la responsabilité de trois emplois à mi-temps. Ses maux de tête rebelles la déprimaient également. Il était possible que sa tension contribue à déclencher ses maux de tête ou que les maux de tête aient contribué à la rendre tendue et déprimée. Mais peut-être que les deux processus se renforçaient mutuellement, enclenchant de la sorte un cercle vicieux. L'EMT permit à Sandra d'identifier ces interactions.

La première série d'EMT détourna l'attention de Sandra de son mal de tête et la redirigea vers sa respiration. Elle n'avait presque plus mal. Mais la douleur revint immédiatement après l'interruption de l'EMT. Dans la série d'EMT suivante, Sandra devait se concentrer sur le mal de tête en tant que tel et non sur sa respiration, stratégie qui soulagea la migraine d'un côté de la tête. Puis, pendant la série suivante d'EMT, elle se concentra sur ce mal circonscrit à un côté de la tête. À son étonnement, il disparut. Sandra se rendit également compte que son humeur maussade s'était évanouie. Bien sûr, cela montrait que sa dépression était due à ses maux de tête plutôt qu'à d'autres facteurs. L'EMT lui fit découvrir deux possibilités : si se concentrer sur la respiration ne donnait pas de résultats, elle n'avait qu'à porter son attention sur le mal de tête lui-même.

Grâce à la pratique de l'EMT chez elle, Sandra parvint à réduire la fréquence et la durée de ses maux de tête pendant les deux mois suivants, après quoi le traitement fut interrompu.

Jonathan, assureur de trente-deux ans, souffrait lui aussi de migraines et de céphalées de tension qui lui faisaient perdre de trois à quatre jours de travail par mois. Quand les maux de tête étaient aigus, il devait rester alité dans une pièce obscure et silencieuse. Les tapotements EMT avaient, au départ, pour but d'instaurer et de renforcer une impression de détente. Il fallait contrebalancer les tensions physiques et affectives qui contribuaient au déclenchement des maux de tête. Dans un premier temps, Jonathan se concentra sur la tension physique qui envahissait son corps tandis que j'effectuai les tapotements. Résultat : il ne pensa plus au mal de tête et se sentit plus détendu. Pendant la série, environ une minute après son début, il ressentit une vague agréable lui traverser les paupières, et crut qu'il allait s'endormir.

Après la série suivante de tapotements EMT, il eut l'air surpris et soulagé : « Avec les tapotements, affirma-t-il, j'ai l'impression d'être détaché de mon corps. Cela me distrait de la douleur dans mon cou et de la pression que je ressens aux yeux. Cela me détourne aussi d'autres pensées. Juste au moment où vous avez cessé les tapotements, j'avais un peu l'impression de flotter. C'est un peu surprenant. Vous ne ressentez pas le reste de votre corps autant. C'était comme si une vague agréable traversait mon visage. Légère, mais tout de même sensible. La plupart du temps, j'ai des sensations bizarres associées à mes maux de tête, mais au moins celle-là n'était pas douloureuse. En fait, tout mon corps s'est détendu. »

Or, si Jonathan pouvait reproduire ces impressions tout seul, cela lui permettrait de soulager ses maux de tête. La diminution des tensions et l'augmentation de la détente se traduisent en général par une atténuation des maux de tête. Un mois plus tard, une visite de suivi confirma que Jonathan était capable de pratiquer tout seul les tapotements EMT et de susciter les sensations relaxantes de flottement. Il parvenait à réduire l'acuité de ses maux de tête dans 50 % des cas environ, et sans médicament. Au cours du mois écoulé, il n'avait manqué qu'un jour de travail au lieu des trois ou quatre habituels. C'est ainsi que, pour la première fois, il pouvait maîtriser lui-même ses maux de tête sans dépendre de médicaments, au demeurant souvent inefficaces.

Du temps à soi et la maîtrise de la douleur

Certaines personnes souffrant de douleurs chroniques parviennent à mieux gérer les poussées douloureuses aiguës dans la solitude. Mais il est souvent difficile d'abandonner des obligations familiales ou professionnelles. L'EMT peut vous aider à affirmer votre droit à ces moments de solitude indispensables pour juguler les accès de douleur.

Heureux avec son épouse et leur fille de deux ans et demi, Jean souffrait de maux de tête chroniques qui l'empêchaient de profiter de sa vie de famille. Même le stress de réunions banales entre amis finissait par aggraver ses migraines. Il parvenait en général à les maîtriser en s'isolant, ce qui lui permettait de reprendre ensuite le cours normal de ses activités en famille et entre amis. Mais la plupart du temps, Jean hésitait à demander ces pauses, et il devait apprendre à s'affirmer face à sa famille et à ses amis quand il avait besoin de s'isoler.

L'EMT l'aida à se détendre physiquement et renforça sa capacité à affronter la douleur et à s'affirmer. Pour démarrer la séance, Jean s'imagina en famille et avec ses amis au moment où un mal de tête commençait à se développer. L'EMT l'incita à exprimer ses besoins : dans la scène imaginée, il annonça qu'il avait besoin de s'isoler et les autres se montraient compréhensifs. Il savait que, pour soulager sa douleur, il devait se détendre dans le calme le plus complet et à l'écart. S'il pouvait faire passer sa douleur d'un niveau intolérable de 10 (sur une échelle de 0 à 10) à un niveau plus gérable (environ 5), il pourrait rejoindre la réunion et s'amuser. Deux séries supplémentaires d'EMT lui permirent de renforcer sa volonté d'affronter les situations en public pour pouvoir passer autant de temps que possible en compagnie, sans être gêné par un mal de tête. Six mois plus tard, une visite de suivi révéla qu'il continuait de pratiquer la relaxation EMT pour juguler la douleur et affirmer son droit à s'isoler en cas de besoin.

Enrayer un mal de tête dès le début

La pratique de la relaxation pour maîtriser les maux de tête est désormais bien établie. L'EMT peut être utilisée exclusivement comme technique de relaxation, et ce, indépendamment de sa capacité à dénouer le stress et les conflits. Elle présente, dans ce cas, l'avantage d'induire une relaxation durable en peu de temps, ce qui est particulièrement dans l'intérêt du migraineux : à l'aide d'une technique comportementale ou de médicaments, il doit impérativement enrayer ses maux de tête au plus tôt, avant qu'ils ne prennent toute leur ampleur.

Mathilde, vingt-sept ans, conseillère d'orientation, souffrait de migraines violentes qui l'empêchaient parfois de travailler. Ayant une morale très stricte du travail, elle était contrariée de manquer pour quelque raison que ce fût. Elle était également préoccupée à l'idée d'avoir des évaluations professionnelles médiocres à cause de ces absences.

Les migraines de Mathilde étaient liées à sa peur, parfois accablante, que la sensation de pression qu'elle éprouvait par moments à l'arrière de la tête se transforme en mal de tête (ce qui était souvent le cas). Pendant la séance, elle commença à ressentir la pression annonciatrice. À ce stade, j'intervins pour enrayer le mal de tête potentiellement aigu. Voici un extrait de la séance qui illustre le fonctionnement de l'EMT.

Mathilde : La gêne s'accentue. Je sens une pression à l'arrière de ma tête.

Thérapeute : J'aimerais que vous vous concentriez sur cette pression pendant que nous continuons. [EMT.] Ouvrez doucement les yeux. Maintenant, que se passe-t-il ?

Mathilde : Je viens juste de penser : « J'espère que cette pression ne s'aggrave pas. » Cela me fait vraiment peur. C'est ce que je pensais à l'instant. Parce que je ressens un peu de douleur dans deux endroits différents, mais je ne veux pas que cela empire.

Thérapeute : Quand vous commencez à avoir peur d'un mal de tête naissant, cela alimente votre stress et peut accentuer la souffrance. Concentrez-vous sur cette peur d'avoir mal à la tête, rien que la peur elle-même. Pensez-vous pouvoir y arriver ? Allons-y. [EMT.] Ouvrez doucement les yeux. Maintenant, que se passe-t-il ?

Mathilde : La peur du mal de tête est toujours présente.

Thérapeute : D'accord. Utilisons une technique de relaxation. J'aimerais que vous vous concentriez sur le mot « relax ». Pensez « re » tout en inspirant et « lax » en expirant, pendant que je ferai des tapotements. J'essaie de vous calmer. Vous êtes en train de vous noyer dans votre peur d'avoir mal à la tête. Donc, pensez « re » en inspirant et « lax » en expirant. [EMT.] Et maintenant, que se passe-t-il ?

Mathilde : Il y a un relâchement.

Thérapeute : Avez-vous pu prononcer le mot « relax » ?

Mathilde : Oui.

Thérapeute : Ça me semble parfait. Continuons maintenant avec le mot « relax ». [EMT.] Ouvrez doucement les yeux. Maintenant, que se passe-t-il ?

Mathilde : Je me sens plus calme.

Thérapeute : En ce moment, à combien estimez-vous votre stress sur une échelle de 0 à 10 ?

Mathilde : À 3.

Thérapeute : Parfait… Remarquez que vous étiez sur le point d'avoir mal à la tête, mais qu'à ce moment-là vous avez cessé de vous angoisser et vous vous êtes détendue. Vous pouvez parvenir à cette détente par vous-même. Au lieu de laisser la peur vous dominer et de prendre tout de suite un médicament contre, vous pouvez vous calmer et vous débarrasser de ces signes annonciateurs de mal de tête. Essayez cette méthode chez vous, et vous pourrez éviter certains maux de tête.

Au cours des semaines suivantes, Mathilde prit davantage conscience de ses réactions de peur face à l'imminence d'un mal de tête. Au lieu de se précipiter vers l'armoire à pharmacie pour prendre un médicament, qui n'était pas toujours efficace, elle s'installait dans un fauteuil confortable et pratiquait la relaxation EMT. Elle parvint ainsi à acquérir une certaine confiance dans sa maîtrise des maux de tête, qu'elle ne voyait plus comme une force qu'elle devait subir. Pendant le mois qui suivit la séance d'EMT, elle ne manqua pas un seul jour de travail.

Soulager les douleurs matinales

Amoindrir la douleur chronique quand elle est le plus aiguë est peut-être le coup de pouce dont vous avez besoin pour tenir bon dans une journée difficile. Jackie, cinquante et un ans, souffrait depuis longtemps de douleurs chroniques à la mâchoire, au cou et au ventre. Les médicaments avaient peu d'effet. La douleur permanente l'avait poussée à abandonner son travail d'infirmière, et les poussées plus intenses la déstabilisaient sur le plan psychologique. Son moment le plus difficile était le matin au réveil.

Pendant la séance de thérapie, j'appliquai la procédure EMT des tapotements de la main pendant que Jackie se concentrait sur sa respiration. La relaxation EMT produisit un relâchement de la tension, au bout d'une minute à peu près. Les tapotements de la main furent effectués pour les douleurs des épaules et du cou, ce qui eut pour effet de les atténuer considérablement. Finalement, elle apprit à effectuer elle-même les tapotements sur ses genoux, ce qui renforça la détente. Je lui conseillai de les refaire à la maison le matin, moment où la douleur était particulièrement aiguë.

Au cours des six mois qui suivirent, Jackie utilisa régulièrement cette technique le matin. Elle se disait : « Ce n'est pas si grave que cela », tout en effectuant les tapotements elle-même. Résultat : elle devint plus détendue et supportait mieux la douleur. Chez elle, elle pouvait vaquer à ses occupations plus facilement, et dans un plus grand un confort. Mieux encore, Jackie envisageait de reprendre son métier d'infirmière pour tester sa nouvelle capacité à affronter cette douleur.

Soulager les douleurs dues au diabète

Patricia pénétra dans mon cabinet, le visage marqué par le supplice qu'elle endurait. Diabétique, elle souffrait d'une détérioration des terminaisons nerveuses des extrémités qui lui causait une douleur modérée à grave et qui entamait son moral. Imaginez marcher avec une sensation de brûlure aux plantes de pieds, et vous aurez une idée de son découragement. Non seulement sa mobilité en était considérablement réduite, mais sa main l'élançait chaque fois qu'elle s'emparait d'un objet ou même qu'elle frôlait un tissu. Malgré tout, Patricia n'était pas, dans l'ensemble, mécontente de sa vie. Elle était heureuse en couple depuis vingt et un ans, et avait cinq enfants de quatre à seize ans. Mais, du fait de sa maladie, elle n'avait pas été en mesure de travailler depuis trois ans.

Cette description donnerait à penser que sa douleur était une manifestation essentiellement physique d'une maladie chronique invalidante. Comment l'EMT, technique permettant de réduire le stress et d'appréhender sous un autre jour les problèmes de la vie, pouvait-elle l'aider ? Patricia découvrit à travers l'EMT et des techniques traditionnelles de relaxation que son stress, son angoisse et ses soucis alimentaient ses souffrances. Au cours des premières séries d'EMT, pendant lesquelles je tapotais ses genoux parce que ses mains étaient douloureuses, la douleur de ses extrémités passa de 7 à 1 : autrement dit, elle avait pratiquement disparu. Patricia était confondue par la rapidité de cette amélioration.

Nous découvrîmes ensuite qu'elle s'inquiétait des souffrances et de la vie pitoyable que lui réservait l'avenir. Ces angoisses furent soulagées de façon notable pendant la série suivante d'EMT, lorsqu'elle se représentait un avenir où la douleur serait plus gérable. Après la séance, Patricia utilisa l'EMT ainsi que d'autres techniques de relaxation pour entretenir sa sérénité dans la journée. Résultat : elle se trouva mieux à même de se servir de ses mains et de marcher.

Au cours de sa dernière visite, Patricia raconta qu'elle avait passé plusieurs heures au centre commercial à faire des courses avec son mari et qu'ils avaient bien profité de cette agréable journée, alors que, depuis trois ans, elle ne pouvait plus marcher plus d'une demi-heure à la suite. L'acuité de sa douleur avait diminué de moitié. L'EMT lui permit de gérer son stress en général, et son angoisse d'avoir mal en particulier. Les effets salutaires de l'EMT sur cette personne démontrent, une fois de plus, l'importance du stress dans la façon dont est vécue la douleur permanente.

Soulager les douleurs dues à l'arthrose

La question principale était la suivante : dans quelle mesure le stress psychique, qui s'exprimait par l'angoisse et le découragement, accentuait-il la souffrance physique d'Angèle ? Elle n'avait pas conscience d'un lien entre les deux et, comme elle était perpétuellement stressée ou presque, il était difficile d'établir une relation de cause à effet entre douleur et stress. Pour répondre à la question, j'effectuai une première série de tapotements EMT pendant qu'elle se concentrait sur sa frustration, son angoisse de la douleur et ses conséquences potentiellement invalidantes. Elle situa la douleur et le stress entre 7 et 8 (sur une échelle de 0 à 10). La douleur était particulièrement intense dans son genou droit. Angèle, enseignante à la retraite de soixante-six ans, avait différents problèmes médicaux, dont l'arthrose et la dépression. Elle voulait profiter de ses loisirs et de ses activités, mais sa douleur, sa fatigue et son abattement l'en empêchaient en la contraignant à une immobilité pratiquement totale. Grâce à un traitement adapté à un déséquilibre thyroïdien, passé jusque-là inaperçu, elle retrouva de l'énergie ; par ailleurs, un antidépresseur soulagea sa dépression. Pourtant, aucun médicament n'était venu à bout de ses douleurs articulaires ni de son angoisse permanente de devenir infirme du fait de l'arthrose.

Après quelques minutes seulement de tapotements, elle se mit à rire, rouvrit les yeux et dit : « Ça marche. Mon genou me fait moins mal. » Angèle était tout à fait étonnée de l'incidence du stress sur sa douleur. Elle remarqua ensuite qu'elle devait prendre davantage conscience du rapport entre les deux phénomènes. Une nouvelle série de tapotements réduisit la douleur à 3. Je conseillai à Angèle de pratiquer les tapotements à la maison chaque fois que sa douleur se réveillait, ce qui signifierait probablement que son stress avait, lui aussi, resurgi.

Soulager les douleurs dues à la fibromyalgie

La fibromyalgie est un état de douleur chronique fréquent, mais encore mal compris, qui touche essentiellement les femmes. Elle se manifeste par des douleurs généralisées souvent localisées aux jambes, aux épaules et au cou. Celles-ci peuvent être invalidantes, et d'autres symptômes, dont la fatigue permanente, les maux de tête, les troubles du sommeil et les problèmes de mémoire et de concentration, contribuent à la sévérité de la maladie. Les causes de la fibromyalgie sont inconnues et il n'existe pour l'instant aucun traitement.

Patricia, vingt-trois ans, souffrait depuis quatre ans de fibromyalgie et de fatigue chronique. Avant sa maladie, elle avait mené une vie très active, conjuguant un emploi à plein temps dans un studio de cinéma à la pratique quotidienne de l'aérobic. Mais, du jour au lendemain, après avoir éprouvé un grand malaise et des douleurs aiguës à la jambe, elle se retrouva incapable de marcher. Parfois, la douleur était si intense qu'elle devait ramper. La maladie la stressait tellement que son seul et modeste espoir était une amélioration temporaire qui lui permettrait un peu plus d'activité.

Comme c'était surtout sa douleur aux jambes qui handicapait Patricia, je décidai d'utiliser l'EMT pour traiter ce problème. Après une première série de tapotements, elle se sentit presque suffisamment détendue pour dormir, malgré la persistance d'une vive douleur. Après la deuxième série, elle fut abasourdie de constater un net recul de cette douleur. Deux autres séries lui permirent de ramener sa douleur de 10 à 0.

Il semble que Patricia ignorait à quel point le stress induit par sa maladie lui pesait — ce stress permanent qui pouvait expliquer en partie l'acuité de sa douleur. Deux semaines après la séance, elle rapportait que les tapotements faisait disparaître complètement sa douleur pendant une quinzaine de minutes, après quoi elle demeurait à un niveau assez faible pendant plusieurs heures. Ce résultat spectaculaire fut obtenu grâce à deux séries de tapotements de trois minutes chacune.

Je ne puis affirmer que l'EMT fonctionne toujours aussi bien pour les douleurs dues à la fibromyalgie, mais, étant donné le stress important qu'éprouve tant de fibromyalgiques, il est vraisemblable que cette technique contribue à l'atténuer ainsi que les douleurs qu'il déclenche.

Soulager les symptômes du syndrome de fatigue chronique

La douleur chronique s'accompagne souvent d'une impression de lassitude permanente. Quand la fatigue chronique s'installe brutalement avec des symptômes invalidants, elle peut devenir une maladie à part entière. Le syndrome de fatigue chronique (SFC) est un état débilitant qui se manifeste par une fatigue importante et rebelle, l'incapacité de faire de l'exercice, des troubles du sommeil, l'impression d'avoir les idées embrouillées, des douleurs articulaires et musculaires et d'autres sensations physiques déconcertantes.

On ne connaît pas la cause, ou les causes, du syndrome de fatigue chronique, et il n'existe pas de médicament ou de traitement efficaces. Cependant, la technique de l'EMT peut soulager le stress engendré par cette maladie ainsi que ses symptômes. Il suffit parfois de se concentrer, pendant qu'on pratique les tapotements, sur un symptôme précis pour en obtenir l'atténuation. C'est par ce biais que j'ai réussi à traiter notamment l'impression de brouillard mental, qui peut s'accompagner d'autres symptômes d'ordre cognitif : difficulté de concentration, absences de mémoire, difficulté à trouver ses mots ou usage impropre de mots.

Un cas de traitement particulièrement réussi me vient à l'esprit. À cinquante-huit ans, Stéphane avait joui d'une parfaite santé toute sa vie, jusqu'au jour où, un an et demi auparavant, il avait commencé à éprouver les symptômes de fatigue chronique. L'invalidité qui en résulta allait le contraindre à fermer son cabinet d'avocat florissant. Marié depuis deux ans, sa vie de couple subissait des tensions car, du fait de son énergie limitée, il avait perdu tout désir sexuel. Ce qui le perturbait le plus, c'étaient ses problèmes d'ordre cognitif, dont le brouillard mental, les troubles de la concentration et les oublis fréquents.

Pendant la séance, je lui demandai de se concentrer sur son brouillard mental pendant que je tapotais ses mains ; il eut l'impression que le brouillard se levait (bien qu'il revînt quelques minutes plus tard). Avec un peu de pratique des tapotements, il parvint à soulager tout seul ces sensations pendant une ou deux heures. La maîtrise de ses symptômes nouvellement découverte donna à Stéphane l'espoir de pouvoir apprendre à mieux gérer le SFC. Sur une période de douze mois de rééducation, sa maladie s'estompa progressivement.

Stella, trente-sept ans, souffrait de SFC depuis neuf ans, et elle avait perdu son poste de greffière dix mois auparavant. En raison de ses difficultés de concentration, elle ne pouvait plus effectuer son travail, et sa fatigue aiguë s'était récemment accentuée. La maladie la rendait tellement réceptive au stress que le simple fait de lire pouvait déclencher une migraine et des douleurs gastro-intestinales.

Elle était venue consulter au départ pour ses problèmes de concentration et de mémoire. Une séance de relaxation de quinzaine de minutes, axée sur la respiration, produisit chez elle une détente allant de la cage thoracique jusqu'en bas du corps ; néanmoins, elle ressentait toujours une tension et des crispations importantes au niveau de la tête, du cou et des épaules. Comme la relaxation axée sur la respiration parvient le plus souvent à détendre tout le corps, les tensions résiduelles indiquaient un grand stress général.

J'essayais les tapotements EMT tandis que Stella se concentrait sur la tension dans sa nuque. Trois séries de tapotements (une dizaine de minutes) lui permirent de découvrir qu'elle se répétait : « Rien ne va marcher. » Irritée par cette idée pessimiste, Stella s'efforça de la bannir de son esprit. Comme on pouvait le prévoir, ses tensions redoublèrent d'intensité. Elle sentait déjà venir une migraine.

Une fois cette pensée négative identifiée comme obstacle à la réussite de l'EMT, je lui demandai de se concentrer dessus. Plutôt que d'essayer de repousser une pensée négative, il vaut mieux se concentrer dessus pour la maîtriser. D'ordinaire, Stella avait « spontanément » des pensées négatives, puis elle se tançait pour son pessimisme, alors qu'on lui demandait maintenant de « faire exprès » d'en avoir. Résultat : en se concentrant délibérément sur sa pensée négative tout en faisant une série de tapotements, elle acquit une plus grande maîtrise de cette pensée, au lieu de se sentir dominée par elle quand elle surgissait dans son esprit sans y avoir été invitée.

À la fin de la série de tapotements, Stella commença à sourire, presque à rire. Elle avait compris à quel point cette pensée négative était sotte. Comme celle-ci s'estompait, Stella eut le sentiment que sa tension à la nuque et aux épaules se relâchait. C'était une nouveauté pour elle, qui n'avait jamais pris la mesure des crispations de cette partie de son corps avant d'avoir vécu cette détente inédite.

Les séances suivantes permirent de mettre en évidence que le stress extrême, qui était habituel chez Stella, alimentait probablement ses migraines et ses autres symptômes. Sa thérapie s'étoffa en abordant des problèmes familiaux et relationnels importants, eux aussi liés à son SFC. À la fin de son traitement, Stella avait recouvert sa capacité de concentration et fut à même de reprendre son travail de greffière à mi-temps.

10

STRESS ET DIFFICULTÉS RELATIONNELLES

DANS CE CHAPITRE, nous allons étudier le rôle du stress dans les problèmes relationnels et conjugaux, y compris les conflits de couples, les séparations et les ruptures, la jalousie irrationnelle et le harcèlement sexuel au travail. L'EMT est un outil très utile pour alléger l'angoisse de ces situations de crise, même si les questions interpersonnelles exigeront parfois un travail supplémentaire, comme une thérapie de couple. La diminution du stress augmente votre capacité d'examiner et de résoudre des problèmes relationnels importants.

CRISE CONJUGALE ET EMT

La détérioration de son couple était pour Jennifer une source de colère et de déprime. Deux ans et demi seulement après son mariage, son mari s'éloignait d'elle et leur relation sexuelle était inexistante. Qui plus est, son mari ne manifestait aucune volonté de réconciliation. Pendant la séance de couple, il apparut clairement qu'elle le condamnait de façon excessive, allant jusqu'à le montrer littéralement du doigt : « Tu devrais faire ceci, tu devrais faire cela. » Un des buts de la thérapie de couple est de mettre un terme aux accusations, aussi justifiées qu'elles puissent être, parce qu'elles ne font le plus souvent qu'aggraver la situation. Mais Jennifer ignorait mes conseils et insistait sur son droit de lui faire des reproches.

Je ne faisais aucun progrès avec elle, mais, ayant constaté qu'elle était tendue et agitée pendant les séances, je finis par lui conseiller l'EMT. Elle accepta sans hésiter, car elle voulait à tout prix se sentir bien au moins sur le plan affectif, si ce n'était sur le plan conjugal. Pendant la série d'EMT, elle sentit la moitié supérieure de son corps se détendre. Puis, elle se mit à pleurer en envisageant l'éventualité d'une rupture. L'EMT lui avais permis de regarder en face cette possibilité, jusque-là refoulée. Comme elle était toujours bouleversée, elle commença à émettre des phrases d'ajustement pour vivre au quotidien, que son couple survive ou non. Elle tenait toujours à le remettre sur les rails, mais, en attendant, un état d'esprit plus réaliste lui donnait au moins l'impression de mieux maîtriser la situation.

Au cours des séances suivantes, Jennifer demeura plus calme qu'elle ne l'avait été au cours des deux mois passés. Elle adressait moins de reproches à son mari, et celui-ci consentit de plus grands efforts pour faire marcher leur couple, peut-être en réaction à la plus grande bienveillance de sa femme. Je ne puis affirmer avec certitude que l'EMT a déclenché cette amélioration dans leur relation, mais aucune autre pratique n'avait donné de résultats jusque-là. Quoi qu'il en soit, il me semble que l'EMT a permis une évolution, tant sur le plan de ses sentiments que de son comportement, et que ce changement a donné un coup de pouce à leur thérapie de couple. Environ six mois plus tard, je croisai

Jennifer dans un magasin. Elle était souriante et me semblait détendue. Elle fut heureuse de m'annoncer l'amélioration de sa relation avec son mari et leur réconciliation.

La colère dans le couple

Daniel et Sylviane, la quarantaine, parents de jumeaux de quatre ans et demi, étaient fâchés pour de nombreuses raisons. Sylviane en voulait surtout à son mari de lui faire la morale sur l'éducation des enfants. Il la jugeait trop permissive et lui reprochait de laisser les enfants « se déchaîner » avant d'intervenir. Daniel avait tendance à sermonner sa femme sur ce qu'elle faisait de travers, et ses critiques la rendait furieuse. Deuxième source de récriminations, Daniel leur construisait une résidence secondaire à la campagne, à plusieurs heures de route de chez eux, et il l'avait laissée seule avec les garçons pendant de nombreux week-ends pour y travailler. Ces absences étaient certes révolues depuis plus d'un an et demi, mais Sylviane continuait à lui en vouloir. Pour finir, il avait pris une année de congé sans solde deux ans auparavant en déclarant qu'ils devraient vivre sur leurs économies. C'était une source supplémentaire d'irritation et de ressentiment pour Sylviane. Au final, elle était dans un état constant de mécontentement, alimenté autant par les problèmes du passé que par ceux du présent.

De son côté, Daniel se plaignait des méthodes d'éducation laxiste de sa femme ; il lui reprochait en outre d'être trop dépendante à sa famille et de leur demander conseil plutôt qu'à lui. Il considérait qu'elle passait tout son temps avec leurs enfants, au détriment de son couple.

La situation telle que je la voyais était que, effectivement, Sylviane consacrait trop de temps aux enfants et au ménage. Elle ne s'occupait pas de son couple et passait peu de temps avec son mari. Daniel, pour sa part, était obnubilé par ses centres d'intérêt personnels, comme la construction de la maison de vacances et la pratique quotidienne d'exercice physique intensif. Les problèmes des enfants ne retenaient guère son attention. Au contraire, il attendait d'eux qu'ils se comportent en petits adultes et non comme des enfants turbulents et joueurs.

Grâce à la thérapie de couple, Daniel apprit à s'isoler quand une situation le mettait en colère. Sa nouvelle capacité à faire des pauses permit de réduire la fréquence des disputes, même si certains sujets continuaient de le rendre furieux. D'un autre côté, la colère de Sylviane restait constante pendant les séances de thérapie conjugale. Je décidai donc de programmer des séances individuelles pour chacun afin de leur enseigner les techniques de tapotements EMT. Sylviane se concentra sur la colère qu'elle éprouvait quand Daniel lui faisait des discours moralistes et, au bout de quelques minutes, sa colère tomba à un niveau faible. Elle déclara : « Rien ne m'oblige au fond à prêter attention aux sermons de Daniel ou à y réagir. » C'était pour elle une idée nouvelle, mais dont je l'avais crue incapable auparavant.

Daniel, quant à lui, commença par se concentrer sur la colère qu'il éprouvait quand Sylviane claquait les portes dans la maison, comportement qui lui rappelait celui de sa mère quand il était petit. Là encore, en quelques minutes, sa colère diminua et il dit : « Je me sens détendu. Je ne dois plus réagir avec autant d'émotion à ces petites contrariétés. » Le fait que Sylviane aille dans une autre pièce pour l'insulter à voix basse le mettait dans une colère qui alimentait son stress, mais là encore, grâce aux tapotements EMT, il pouvait aborder avec sérénité ce comportement qui auparavant l'avait considérablement dérangé. Il expliqua : « Elle a importé son problème de colère dans notre couple. Je n'en suis pas responsable. »

Je leur demandai à tous les deux de pratiquer les tapotements chacun de leur côté quand ils étaient en colère. Mari et femme s'appliquèrent pendant plusieurs mois à modifier leur comportement et réduire leur colère, et ils eurent à vaincre de nombreux obstacles, puisqu'il s'agissait de transformer des schémas comportementaux qui avaient été les leurs toute leur existence. Malgré tout, les disputes s'espacèrent et la capacité de chacun à supporter les habitudes contrariantes de l'autre se renforça.

LES SÉPARATIONS

Les séparations de couple engendrent tout un éventail d'émotions stressantes comme la colère, la peur, l'insécurité, la culpabilité, la dépression ou l'angoisse. La femme de Robert venait de le quitter après quinze ans de mariage pour s'installer dans son propre appartement, lassée à la fin de s'être entendu accuser d'infidélité des années durant. Il était ravagé par cette séparation, mais il reconnaissait l'avoir injustement accusée. Désemparé, il n'était pas allé travailler depuis deux jours.

La gêne qu'éprouvait Robert à cause de son physique et de son poids alimentait ses diatribes furibondes. Il faisait remonter son insécurité à son enfance, pendant laquelle ses parents avaient manifesté une préférence pour son frère aîné, qui lui-même traitait Robert comme son esclave. Face à un passé aussi marqué par ce qui semblait être de la victimisation, n'importe quel psychothérapeute expérimenté aurait prévu, à juste titre, une longue thérapie pour transformer les schémas affectifs qui avaient engendré sa jalousie destructive. Je ne prétends pas que l'EMT soit à même de reconstruire un couple à la dérive, mais, si elle permet de résoudre rapidement quelques problèmes affectifs qui y contribuent, elle peut donner à un couple les moyens de prendre des décisions dans un esprit moins conflictuel et moins acrimonieux.

La plus grande crainte de Robert était que sa femme ne demande le divorce. Ses angoisses, quant à l'avenir en général, déclenchaient des sentiments de panique, des nausées et une impression d'effondrement imminent. Il vint me consulter pour la première fois en plein désespoir, prêt à accueillir toute intervention qui l'aiderait à affronter son malheur. Il faut dire que n'importe qui aurait été bouleversé à sa place. Les encouragements des proches et des amis, malgré leur utilité, ne suffisent pas entièrement à désamorcer la peur de la rupture. Par ailleurs, une thérapie entamée seul a moins de chances de porter ses fruits quand le patient est consumé par la peur. Les techniques de relaxation classiques donnent, certes, des résultats si le patient est capable d'entendre réellement les mots apaisants exprimés par le thérapeute. Mais dix-huit ans d'expérience de psychothérapeute m'ont appris qu'un bouleversement affectif profond résiste souvent aux efforts même les plus énergiques pour soulager le stress et inciter à des sentiments positifs. Robert était tellement affligé que je décidai de recourir à l'EMT dans un premier temps. J'ai souvent constaté que l'EMT « force » à se détendre les personnes qui sont trop angoissées pour prêter attention aux conseils de relaxation du thérapeute ou pour réagir à ses encouragements.

Effectivement, L'EMT donna rapidement des résultats chez Robert. En quinze minutes seulement, sa peur et son moral à zéro avaient cédé la place à une profonde relaxation et à des idées constructives sur la façon de sauver son couple. Mais surtout, cette brève séance d'EMT galvanisa son optimisme, qui supplanta le profond désespoir qu'il éprouvait à l'idée de la séparation. Je pense que le soulagement immédiat du stress apporté par l'EMT fut un facteur crucial dans sa décision de reprendre le travail.

Robert et sa femme purent se réconcilier après douze mois avec l'aide d'une thérapie conjugale. Je ne prétends pas pour ma part que l'EMT puisse bien fonctionner chez tout le monde, mais j'ai souvent constaté qu'elle donne de bons résultats là ou une approche plus traditionnelle a échoué. Quand votre niveau de stress devient insupportable, essayez donc la technique de l'EMT. Elle vous soulagera peut-être au moment même où vous alliez jeter l'éponge.

Soulager votre colère envers votre conjoint

Jean-Paul était marié depuis treize ans et avait une fille de onze ans. Au cours des dernières années, il s'était mis à travailler entre soixante et soixante-dix heures par semaine comme juriste dans une entreprise. Il rentrait épuisé à la maison et disposait de peu de temps et d'énergie pour sa femme et sa fille. Il donnait l'impression de ne pas remarquer qu'elles se plaignaient de son manque d'investissement et n'avait rien à redire à sa vie de couple : ne devait-il pas travailler pour nourrir sa famille ? Son couple partait lentement à la dérive, mais Jean-Paul ne voulait ni reconnaître ni affronter les problèmes. Quand son épouse prit un travail à l'extérieur, il commença à se méfier du fait qu'elle rentrait tard et à l'accuser d'avoir un amant, ce qu'elle niait avec indignation. En quelques semaines, ces altercations avaient dégénéré en disputes acrimonieuses où les insultes allaient bon train. Finalement, sa femme exigea une séparation de six mois, que Jean-Paul accepta de mauvais gré.

Abattu par la tournure des événements, il entama une thérapie et commença à comprendre son rôle dans cette déconfiture conjugale. Il en voulait énormément à sa femme pour l'absence de communication entre eux et considérait qu'elle avait agi dans la précipitation. Comme sa colère résistait à tous mes efforts pour la désamorcer, je décidai d'opter pour la technique qui avait donné si souvent de bons résultats avec mes patients réfractaires : l'EMT.

J'entamai la séance pendant que Jean-Paul se concentrait sur son ressentiment. Très vite, la méthode lui fit oublier sa rancune, et il se sentit plus détendu. Malgré son apaisement relatif dès les premières minutes, il interrompit mes tapotements pour me dire : « Je dois lui en vouloir. Sinon, je cède devant elle et c'est moi qui me retrouve dans le rôle du salaud. » Il avait besoin de sa colère pour croire qu'il avait raison et qu'il était quelqu'un de bien. Il ne s'en était jamais rendu compte jusqu'alors. Privé de sa colère, il eût été contraint d'admettre qu'il était en partie responsable de leurs problèmes de couple. Or, de toute évidence, c'était là une pensée qui le mettait mal à l'aise.

Il prit ainsi conscience de la nécessité d'assumer sa part de responsabilité dans la situation s'il souhaitait la réconciliation. Comme ces nouvelles idées s'ancraient en lui et que je poursuivais les tapotements, sa colère diminua jusqu'à un faible niveau. Grâce à l'EMT, il put comprendre beaucoup de choses, modérer sa colère et affronter son malaise face à une relation intime. Malheureusement, il était trop tard pour sauver son couple. Il parvint cependant à se mettre d'accord avec sa femme pour qu'ils partagent leurs responsabilités de parents.

Trouver le courage de la rupture

Thomas, avocat de trente-six ans, divorcé depuis deux ans, avait une fille de huit ans. Il envisageait, quoique avec beaucoup de réticences, de quitter Hélène, sa petite amie depuis un an, qui considérait leur relation comme un simple moyen de dépasser l'échec de son couple précédent. Malgré le fait qu'Hélène s'intéressait de moins en moins à lui, Thomas avait du mal à se faire à l'idée d'une séparation et donnait raison au thérapeute qui disait qu'il restait dans cette relation par « addiction ». Ce terme lui fit brusquement comprendre qu'il s'agissait d'une relation malsaine de dépendance. Néanmoins, il avait peur de ne retrouver avec nulle autre les sentiments qu'il avait éprouvés au début de cette brève, mais très passionnée, relation.

L'EMT aida Thomas à reconsidérer la détérioration de son couple et à se préparer à y mettre fin. Au début de la séance, il se concentra sur l'idée qu'il serait « perdu » sans sa compagne. L'EMT lui permit de comprendre en profondeur qu'Hélène lui retournait rarement ses sentiments, fait qu'il ne s'avouait jamais pour plus de quelques secondes. Il commença à concéder à regret que le terme « toquade » désignait mieux leur relation que le mot « amour ».

Grâce à l'EMT, Thomas se rendit compte qu'il avait longtemps refusé de voir les aspects négatifs de son couple : comme il voulait être le sauveur d'Hélène, il cédait à toutes ses exigences, mais craignait de lui demander quoi que ce soit en retour. Le thérapeute lui demanda : « Et qu'obtenez vous en échange de l'avoir sauvée ? À moins d'être mère Teresa, vous n'en tirez pas grand-chose. Peu de gens donnent sans rien attendre en retour, et par "retour", je ne veux pas dire une gifle. »

Au cours des semaines suivantes, Thomas pratiqua l'EMT tout en se concentrant sur l'indifférence de sa petite amie. Résultat, il commença à mettre dans un plateau de la balance les échanges sexuels torrides et dans l'autre le rejet dont il souffrirait s'il la revoyait. À partir de là, la perspective d'une relation nouvelle, plus saine, lui paraissait de plus en plus souhaitable. Fait caractéristique, Thomas se mit à penser qu'il ne devait plus faire constamment ses preuves face à une femme pour être digne d'elle.

Après la rupture, comment cesser d'y penser ?

Une rupture est souvent une expérience déchirante. Même si vos sentiments envers la personne ont beaucoup perdu de leur vivacité, vous pouvez fort bien continuer à ressasser la relation pendant des semaines ou des mois, et déborder d'émotions négatives telles que la souffrance, la colère, la jalousie ou la culpabilité. « Tout s'oublie avec le temps » : voilà à quoi se résument la plupart des conseils qu'on vous donne. Effectivement, beaucoup de plaies finissent par se cicatriser, mais il n'est pas nécessaire de subir ces émotions douloureuses aussi longtemps qu'on l'imagine.

L'EMT vous aidera à panser plus vite les plaies d'un échec sentimental, réduira les intrusions de souvenirs douloureux et les calmera plus rapidement. Je vous conseille de pratiquer l'EMT plusieurs fois par jour pendant deux ou trois semaines pour vous aider à moins « ruminer » la relation perdue. Cela n'exige qu'une séance de huit à dix minutes par jour, et les récompenses de vos efforts seront légion. Non seulement vous vous sentirez soulagé de ce tourment affectif, mais vous retrouverez votre niveau habituel de concentration et d'activité. L'exemple rapporté ci-dessous illustre le type de stress éprouvé après une rupture et la façon dont il a été résolu en une séance d'EMT.

Michael, trente-neuf ans, continuait de penser très souvent à son ex-petite amie, Christine, qui l'avait très mal traité : elle le voyait rarement et, de surcroît, elle avait un autre amoureux. Si ses sentiments commençaient à s'effacer, les souvenirs de sa relation continuaient à le hanter. Il craignait aussi que Christine ne prenne contact avec sa nouvelle petite amie, Lise, dans le dessein de saper leur relation. Notre travail était donc centré sur les images envahissantes de son ex. Une série d'EMT permit de mettre le doigt sur un nœud qu'il ressentait dans sa cage thoracique et qui était lié à son tumulte affectif.

Michael commença à pratiquer tous les jours l'EMT de façon autonome pour recentrer ses idées sur son couple présent et dissiper le stress que suscitait son ancienne relation destructive. Au bout de deux semaines, il constatait qu'il rabâchait moins souvent le passé et qu'il ressentait un regain d'énergie et d'assurance pour s'investir dans cette nouvelle relation plus saine. Il pouvait maintenir ses pensées dans le présent et cesser de repasser en imagination le film du passé.

JALOUSIE ET SUSPICION

La jalousie, la suspicion et la méfiance sont des émotions destructives capables de miner un couple. Je parle d'une jalousie irrationnelle et sans fondement, d'une jalousie intense et tenace malgré l'absence de preuves d'infidélité. Dans sa forme extrême, elle fait redouter à la personne que son partenaire soit exposé à des tentations irrésistibles chaque fois qu'il sort de la maison ou parle à quelqu'un du sexe opposé, pour quelque raison que ce soit.

La jalousie tourmente celui qui l'éprouve. Elle naît de la conviction d'être indigne de son compagnon. Le jaloux se demande : « Pourquoi reste-t-il avec moi ? » Si vous doutez à ce point de vous, vous croirez facilement que votre partenaire serait tenté par toute aventure qui se présente. Même en dehors de cet aspect-là du problème, vous pouvez aussi être très possessif et estimer que toutes les pensées et tous les sentiments de votre partenaire doivent tourner autour de vous. Pour irrationnelle que puisse sembler la possessivité, elle est loin d'être rare. Certains reconnaissent bien l'absurdité de ces pensées mais se trouvent incapables de les maîtriser ou de les réfréner. J'ai obtenu de très bons résultats en utilisant l'EMT sur la jalousie infondée.

Dans les vingt-cinq ans, Rachel éprouvait une jalousie irrationnelle envers son mari et craignait qu'il ne couche avec son ex-petite amie, qui demeurait de l'autre côté de la ville. Bien qu'elle fût mariée depuis un an et demi seulement, elle ne pouvait se débarrasser de cette méfiance. Pourtant, pendant la première série d'EMT, elle ne parvint plus à ressentir la jalousie intense qu'elle éprouvait d'habitude (pas même à un moindre degré). Elle semblait abasourdie. Après avoir réfléchi à cette tranquillité soudaine, elle se mit à considérer que sa jalousie était « stupide » et « inutile ». Bien sûr, il était difficile de dire à quel point elle était convaincue par ces affirmations avant de les confronter à une nouvelle poussée de méfiance. Je lui proposai donc de travailler avec ces nouvelles convictions la prochaine fois qu'elle serait bouleversée par l'idée que son mari puisse retrouver son ancienne petite amie (ce qu'il n'avait pas fait). Si elle pouvait les intérioriser, peut-être l'image de cette rivale la troublerait-elle moins.

L'expérience de Rachel présente une variante intéressante du fonctionnement de l'EMT. Certains sujets ont du mal à raviver pendant la séance l'émotion que suscite d'ordinaire en eux l'idée de leur problème. Il arrive parfois que l'EMT ne marche pas parce que la personne se trouve dans l'impossibilité de susciter le stress et de l'utiliser comme cible de la technique. Ce qui peut se produire, en revanche, c'est ce que nous avons vu dans la séance évoquée : la suspicion fut jugée « stupide » du fait que Rachel ne parvenait pas à être bouleversée en y pensant. (Faire naître volontairement des pensées de jalousie ou d'autres émotions stressantes, au lieu de les laisser surgir d'elles-mêmes, peut aider à mieux les maîtriser.) Par ailleurs, l'EMT créa un état de détente qui a peut-être incité Rachel à repenser ses soupçons infondés et à minimiser leur importance.

HARCÈLEMENT SEXUEL ET CONFIANCE EN SOI

Le harcèlement sexuel se définit comme un comportement (y compris des propos) à connotation sexuelle unilatéral et non désiré, qui peut aller jusqu'à un contact physique non sollicité. Beaucoup de femmes (et d'hommes) ne savent pas comment y réagir. La personne harcelée dans son milieu professionnel se sent souvent offensée et indignée mais, pour des raisons qu'on comprend aisément, elle n'ose pas s'opposer au harceleur, qui peut être un patron ou un supérieur hiérarchique.

Caroline, trente-neuf ans, était heureuse en couple depuis dix-neuf ans et avait deux enfants adolescents. Son travail à mi-temps d'infirmière la satisfaisait, mais elle était très sensible à la critique et n'osait pas se défendre, de peur d'être mise en quarantaine par ses collègues. Malgré sa volonté de s'affirmer davantage, elle doutait sérieusement de pouvoir modifier son comportement. Au moment où je commençai à travailler avec Caroline, son manque de confiance en soi faisait d'elle une cible facile de critiques qui étaient plus qu'occasionnelles : elle était régulièrement victime d'insinuations sexuelles grossières de la part d'un de ses collègues. Insultée par ses remarques, elle essayait de l'ignorer, mais il persistait. Elle ne savait pas quoi faire. Caroline éprouvait des maux de tête clairement déclenchés par cette situation, et pourtant, elle hésitait à exprimer son mécontentement, craignant que ce collègue ne lui parle plus. Elle estimait son stress à 8 sur une échelle de 0 à 10. La séance d'EMT se déroula comme suit :

Thérapeute : Maintenant, j'aimerais que vous imaginiez que votre collègue ne vous adresse plus jamais la parole. Pouvez-vous évoquer cette éventualité et susciter un sentiment de peur en vous ? Bien. En vous exprimant, vous craignez de passer pour quelqu'un de pas commode et de perdre son amitié. Pouvez-vous imaginer qu'il vous fait des remarques graveleuses et que vous souhaitez protester ? Bien. Fermez les yeux. [Tapotements EMT sur les mains — mais Caroline s'empare des mains du thérapeute au bout d'une cinquantaine de tapotements pour interrompre la série.] Vous avez l'air contrariée : pourquoi ?

Caroline : Ce sont les tapotements. Arrêtez !
Thérapeute : D'accord. Qu'est qui les rend contrariants ? Le savez-vous ?
Caroline : Ça m'embête.
Thérapeute : Étiez-vous entrain de penser à autre chose ?
Caroline [d'une voix aiguë] : Oui ! arrêtez !
Thérapeute : Cela vous rappelle-t-il quelque chose que vous n'aimez pas ?
Caroline : La manière dont ce type me parle. Je veux que vous arrêtiez !
Thérapeute : Serait-ce que mes tapotements sur vos mains ont un sens supplémentaire pour vous ? Comme si j'envahissais votre vie privée ?
Caroline : Oui. Vous avez continué sans ma permission.
Thérapeute : D'accord. Mais je vous avais dit que j'allais effectuer les tapotements.
Caroline : Oui, mais quand je dis que ça suffit, ça suffit.
Thérapeute : Bien. Nous avons une piste ici. Vous avez dit « Arrêtez » et j'ai arrêté. Si vous disiez cela, et aussi fort, à ce collègue qui vous fait des remarques grivoises, il cesserait. Maintenant, j'aimerais poursuivre l'EMT, mais pas avec les tapotements puisque vous y réagissez négativement. Cette fois, nous allons pratiquer les mouvements oculaires. Concentrez-vous sur ma main. [EMT des mouvements oculaires.] Que se passe-t-il maintenant ?
Caroline : Je n'aime pas ces mouvements oculaires.
Thérapeute : Les mouvements oculaires semblent eux aussi vous gêner. Savez-vous pourquoi ?
Caroline : Non.
Thérapeute : Je crois que c'est l'idée que d'une certaine façon, c'est moi qui vous dirige.
Caroline : En effet.
Thérapeute : Et vous avez l'impression d'être dirigée à des tas de niveaux différents par d'autres personnes. Vous vous êtes donc révoltée, ici, pendant la séance. Mais il y a moyen de contourner ce problème. Je vais tout de suite vous enseigner à effectuer vous-même les tapotements. Bien. Placez vos mains sur vos

cuisses et fermez les yeux ; ensuite, pensez que ce collègue vous parle. Y êtes-vous parvenue ?

Caroline : Oui.

Thérapeute : Je voudrais que vous tapotiez alternativement vos cuisses avec vos index. Droite, gauche, l'un après l'autre. C'est cela, continuez, et allez un peu plus vite. Maintenant, pensez aux réflexions de votre collègue. [EMT, tapotements.] Que se passe-t-il maintenant ?

Caroline : J'éprouve de la colère envers lui. Je veux lui lancer un coup de poing à la figure. S'il était devant moi, je lui passerais un de ces savons…

Thérapeute : Ainsi, le problème affectif est en train de se clarifier. La colère intense est dirigée contre lui. Et comment vous sentez-vous par rapport aux tapotements ?

Caroline : Bien.

Thérapeute : Vous maîtrisez la technique maintenant. C'est la façon dont vous aimez le faire. Voulez-vous poursuivre ?

Caroline : D'accord.

Thérapeute : Bien. Pensez à votre colère. [EMT.] Que se passe-t-il maintenant ?

Caroline : Je suis fatiguée.

Thérapeute : D'accord. C'est épuisant, toute cette colère qui monte à la surface. Vous la ravalez certainement depuis des semaines. Maintenant, comment envisagez-vous la situation par rapport à votre collègue ?

Caroline : Je dois l'arrêter.

Thérapeute : Comment allez-vous procéder ?

Caroline : En lui disant énergiquement d'arrêter

Thérapeute : Qu'éprouvez-vous à l'idée de faire cela ?

Caroline : Je me sens mieux.

Thérapeute : Et s'il cesse de vous parler ?

Caroline : Oh ! il continuera de me parler.

Thérapeute : En êtes-vous sûre ?

Caroline : J'en suis certaine maintenant. Il n'a pas le choix, il travaille avec moi.

Thérapeute : Ainsi, l'idée qu'il ne vous parle plus n'est simplement pas réaliste. Il vous reparlera. Et qu'en est-il de votre impression d'être insultée ? Le ressentez-vous en ce moment ?
Caroline : Cela va un peu mieux. Comme vous l'avez dit, c'est à moi de l'arrêter.

À la fin de cette très brève séance d'EMT (dix minutes), Caroline avait confiance dans sa capacité à dire « Stop ! » haut et fort. Elle ne craignait plus que son collègue cesse de lui parler. Il est intéressant de noter que les tapotements lui paraissaient importuns. Même cette forme de contact était perçue comme une invasion physique indésirable de la part du thérapeute. De même, les mouvements oculaires lui donnaient l'impression que le thérapeute cherchait à la contrôler. C'était comme s'il était simplement devenu un autre homme qui voulait s'imposer à elle. En effectuant elle-même les tapotements, elle put, malgré tout, progresser, car elle avait conscience d'être elle-même aux commandes. Deux semaines plus tard, quand son collègue reprit ses réflexions graveleuses, elle lui ordonna avec force d'y mettre un terme. Ce fut la fin de ses ennuis avec lui.

11

GÉRER LES PROBLÈMES FAMILIAUX GRÂCE À L'EMT

PROBLÈMES D'ÉDUCATION

À la télévision, la vie semble très facile : on y voit des enfants et des parents parfaits qui parviennent à résoudre n'importe quel problème en une demi-heure, voire moins. Mais, dans la réalité, c'est une autre histoire. Les soucis que se font les parents pour élever leurs enfants conduisent maintes familles vers le cabinet du psychologue. Parmi les préoccupations courantes des parents figurent la difficulté de communiquer avec leurs enfants, le manque d'amour, de respect, de discipline, de résultats scolaires et, enfin, l'influence des camarades et les différences de conception de l'éducation entre le père et la mère. Cette dernière question est le thème de la séance d'EMT retranscrite ci-dessous.

Différences de conception de l'éducation

Annie, quarante-trois ans, supportait très mal les habitudes débraillées et la paresse de ses trois enfants. Son mécontentement à cet égard fut l'objet de sa première série d'EMT, qui fit ressortir son agacement devant le laxisme de son mari et ses angoisses pour l'avenir de ses enfants. La séance d'EMT résolut pratiquement ces conflits en vingt-cinq minutes.

Thérapeute : Bon. Pensez à ce que vous redoutez le plus : vos enfants n'ayant pas d'amis et se contentant de traîner à la maison à regarder la télévision. Comme vous veniez de me le décrire, c'est une image assez stressante. Elle déclenche une angoisse intense. Pouvez-vous évoquer cette idée ? Vous êtes à la maison pendant le week-end, et toutes ces pensées préoccupantes deviennent écrasantes. Vous représentez-vous cette image ?
Annie : Oui. Elle devient très nette, et je ressens également le stress qui l'accompagne.
Thérapeute : Très bien. Je vais commencer l'EMT en tapotant sur vos mains. Pendant le tapotement, l'image peut changer ou rester la même. C'est difficile à dire. Les choses peuvent devenir plus ou moins stressantes. Il n'y a aucune règle quant à ce que cela doit être. Je vais vous demander de me dire avec précision quelles sont vos pensées et vos sentiments après chaque série. Le but final de la séance est de vous sentir moins stressée. Maintenant, fermez les yeux. [EMT.] Bien. Ouvrez doucement les yeux ; que se passe-t-il ?
Annie : Je me représentais les enfants en pyjama. Moi, j'essayais de les faire bouger et eux étaient plus énervés contre moi qu'ils ne le sont contre mon mari. Vous savez, mon mari peut leur crier dessus autant qu'il veut, ils ne semblent jamais fâchés et ils ne lui manquent jamais de respect.
Thérapeute : Et pourquoi se mettent-ils en colère contre vous ?
Annie : C'est chaque fois que je leur demande de faire quelque chose. Si nous leur crions dessus au sujet de la même chose mais séparément, ils finissent par se calmer et par parler à

Franck, mon mari, au bout de cinq minutes, mais ils restent furieux contre moi.

Thérapeute : Bien. Continuons avec l'image que vous avez pour l'instant de vos enfants et de votre mari. [EMT.] Que se passe-t-il maintenant ?

Annie : Je me concentrais son mon fils Quentin. Il hurle, c'est un vrai braillard. Plusieurs fois, je lui en ai parlé et il réplique en criant. J'étais très contrariée. La façon de réagir de mon mari consiste à dire : « C'est sûr, il ne devrait pas te crier dessus. Je vais lui en toucher deux mots. » Mais ensuite, il ajoute : « Tu dois comprendre qu'il n'a que quatorze ans. Ce n'est pas la peine de te vexer autant pour ça. » Alors, je me suis concentrée là-dessus et cela m'a aidée. S'il réplique, je dois le comprendre au lieu d'y voir un manque de respect. Peut-être est-ce sa façon d'affirmer son droit à l'indépendance.

Thérapeute : Concentrez-vous sur cette dernière idée. [EMT.] Que se passe-t-il maintenant ?

Annie : Une autre chose qui en découle m'est venue à l'esprit et me tarabuste. Je fais sa lessive, je range ses vêtements, mais mon fils ne les porte pas, ne les range pas et ne les met pas au sale. Cela me contrarie vraiment, et quand je lui en parle, c'est la dispute. Mais maintenant, je vois cela un peu d'un autre œil. Je me dis de ne même pas regarder dans le panier à linge. Que mon mari s'en occupe. Qu'il retire les vêtements propres de la machine et qu'il les étende. Ça m'étonne même que j'arrive à avoir ces pensées.

Thérapeute : C'est une nouvelle façon de gérer les conflits autour de la lessive… y aviez-vous pensé auparavant ?

Annie : Oui, mais c'était sans conviction. Je crois que j'ai du mal à renoncer à mon devoir de dire à mon fils de s'occuper de ses vêtements.

Thérapeute : Bien. Concentrez-vous sur cette idée : « Je dois absolument me disputer avec mon fils. » N'essayez pas d'être constructive. [EMT.] Que se passe-t-il maintenant ?

Annie : J'imagine qu'après le bac, Quentin ne va pas en fac, ne trouve pas de travail et passe ses journées à dormir. Lola, ma fille, finit par avoir de mauvais résultats scolaires, a de mauvaises fréquentations, s'habille mal, se retrouve enceinte, toutes ces choses horribles. C'était dur.

Thérapeute : Est-ce que ces représentations ont augmenté votre niveau de stress ?

Annie : Oui.

Thérapeute : Continuez d'y penser. [EMT.] Que se passe-t-il maintenant ?

Annie : C'est encore pire. Cette fois-ci, je voyais les enfants à la maison, avec tous ces problèmes, et moi, je ne supportais tout simplement plus la situation. J'ai dû quitter la maison. Vous savez, j'en voudrais à mort à mon mari s'il les laissait tomber aussi bas. Je n'aurais pas l'autorité nécessaire pour les remettre sur la bonne voie. C'est la partie pénible. Alors, j'ai envie de l'accuser, lui, parce qu'il n'a pas exercé son autorité, alors qu'il aurait pu.

Thérapeute : Permettez-moi de vous proposer une formule pour affronter la situation à partir de ce que vous venez de dire. Votre mari est un père et un être humain faillible. Il a le droit de ne pas s'en tirer à la perfection avec les enfants. Il ne doit pas être l'homme de la situation même si c'est ce que vous voulez. Qu'en pensez-vous ?

Annie : Vous voulez dire que ce que deviennent les enfants lui échappe aussi en grande partie ?

Thérapeute : En effet. Mais je pense également que même s'il ne fait pas ce qu'il faut, vous ne pouvez pas lui demander de changer sa façon de faire. C'est pourquoi, pour désamorcer votre demande pleine de colère, vous pourriez vous dire : « Cela ne me plaît pas, mais il a le droit d'être comme cela même si cela ne me plaît pas. »

Annie : Et ensuite ?

Thérapeute : Eh bien, si vous y croyez, votre colère va diminuer et c'est une dimension importante du stress que vous éprouvez. Vous pourriez vous concentrer là-dessus : « Cela ne me plaît pas, mais il a le droit de le faire. Ce que les enfants deviennent est en grande partie leur propre responsabilité », ce qui est la vérité. Allons-y. [EMT.] Que se passe-t-il maintenant ?

Annie : Je me sens mieux. Je me suis dit que quels que soient les sentiments de mon mari, il n'y a pas chez lui de méchanceté ou de malveillance envers les enfants. Il essaie vraiment de donner le bon exemple. Les enfants ne le voient jamais faire des choses répréhensibles sur le plan moral, alors quelle importance s'il fait des erreurs ? Les enfants doivent le respecter même si, au jour le jour, il ne fait pas tout comme il devrait. Je pense à mes parents, qui ont eu tout faux dans mon éducation, et je n'ai pas mal tourné pour autant. J'ai un sens très fort du bien et du mal.

Thérapeute : C'est vrai. Vous savez, il existe des études qui comparent ce que deviennent les enfants élevés à l'orphelinat et ceux qui ont grandi dans une famille nucléaire. Leur adaptation à la vie d'adulte n'est pas si différente. Il est un certain type d'adaptation dans la vie qui dépend beaucoup de l'hérédité. Les parents ont une influence limitée sur la façon dont leurs enfants réussiront leur vie d'adulte.

Annie : Oui, je le crois. C'est très intéressant.

Thérapeute : Pourriez-vous évaluer maintenant votre niveau de stress sur une échelle de 0 à 10 par rapport à l'idée que vos enfants n'écoutent pas et que votre mari n'intervienne pas dans la discipline ?

Annie : Je dirais 3.

Thérapeute : Avez-vous déjà éprouvé aussi peu de stress par rapport à cette question ?

Annie : Non, jamais, cela m'étonne vraiment.

Annie poursuivit la thérapie un mois de plus. À la fin de ce mois, elle n'avait pas ressenti de poussée de colère et d'angoisse à propos de l'avenir de ses enfants ou de l'absence d'intervention de son mari. Si cette séance avait si bien marché, c'est, d'une part, parce que l'EMT avait donné à Annie la liberté d'identifier l'étendue du problème et une solution éventuelle, et d'autre part, parce qu'elle lui avait permis d'énoncer des formules de gestion du stress inspirées des principes de la thérapie comportementale rationnelle-émotive définis par Albert Ellis.

Soulager la colère et la frustration des parents

Les difficultés de l'éducation des enfants peuvent, par moments, devenir écrasantes, surtout quand elles sont exacerbées par d'autres facteurs de stress d'ordre professionnel, financier ou affectif. Les enfants, à certains stades de la croissance, se trouvent spontanément en opposition aux parents, et leur capacité à se maîtriser est, bien entendu, limitée par leur manque de maturité.

Nicole, trente-sept ans, était préoccupée par sa fille hyperactive de douze ans. Elle se sentait impuissante face aux colères de la petite Marie, ce qui la contrariait énormément. Grâce à l'EMT, elle comprit à quel point elle s'en voulait de cette impuissance. Ensuite, elle commença à réévaluer sa propre colère, ce qui l'entraîna vers une pensée relaxante : « J'ai le droit d'être contrariée par ma fille et par moi-même. » Cette conception plus raisonnable diminua sa colère contre elle-même et amena un calme palpable dans son comportement. Au lieu d'affronter directement sa fille pendant une de ses colères, elle décida de respirer à fond plusieurs fois, de se souvenir que l'adulte, c'était elle, et de laisser sa fille toute seule, le temps qu'elle se calme. Elle se rendit compte que Marie était très douée pour créer des drames et la faire marcher. Nicole voulait donc que sa fille cesse ses provocations. Après une pause, elle déclara : « Mais je ne peux pas lui faire gober n'importe quoi. Je ne peux pas l'obliger à m'obéir. C'est une personne à part entière, et je commence à penser que c'est peut-être moi qui cherche à la dominer. Je n'ai pas une telle autorité sur mes autres enfants ; comment pourrais-je en avoir sur elle ? »

Pendant les séries suivantes d'EMT, Nicole imagina spontanément qu'elle essayait de donner un bain à son oiseau domestique et elle associa cette action avec le fait de demander à Marie d'arrêter une activité répréhensible. Elle ne pouvait obliger l'oiseau à prendre un bain s'il ne voulait pas, pas plus qu'elle ne pouvait forcer sa fille à lui obéir. Cette association d'idées permit à Nicole de comprendre l'inutilité et l'irrationalité de beaucoup des exigences qu'elle avait envers sa fille. À partir de là, sa colère tomba à un niveau très faible.

Un mois plus tard, lors d'une visite de suivi, Nicole m'informa que ses rapports avec sa fille étaient toujours difficiles, mais qu'elle parvenait à s'isoler quand sa fille se déchaînait. Elle utilisait de nouvelles formules pour aborder la situation : « Marie a le droit de réagir de manière exagérée », et « Je peux sortir de la pièce quand elle fait une scène, me calmer et revenir ensuite pour mieux m'occuper d'elle ». Le fait de respirer à fond l'aidait désormais à retrouver son équilibre. Ensuite, elle pouvait parler à sa fille quand elles s'étaient toutes les deux calmées. Pour finir, cette démarche ouvrit la voie à une relation moins conflictuelle et à un vrai dialogue entre mère et fille.

Donner un coup de pouce à son image après une grossesse

Jeannine, trente et un ans, avait pris 22 kg pendant sa grossesse, alors que, avant d'être enceinte, elle pesait 45 kg pour 1,58 m. Après la naissance du bébé, elle avait rapidement perdu 11 kg, mais la perte de poids s'était limitée à 2 kg au cours des deux mois suivants. C'était très frustrant pour elle, parce qu'elle suivait un régime équilibré de 1 000 à 1 200 calories par jour et marchait 2 km par jour. Jeannine était tentée de se remettre à fumer après avoir arrêté un an, pensant que cela pourrait l'aider à maigrir. Elle put finalement résister à cette tentation malsaine, mais son excès de poids la démoralisait complètement.

Nos séances d'EMT, qui étaient centrées sur ce problème précis, mirent en évidence certaines angoisses et préoccupations liées à son apparence. Jeannine se voyait comme l'« image de la laideur », à tel point qu'elle ne voulait plus se montrer en public. Grâce à l'EMT, elle parvint enfin à se détendre et à dépasser en partie cette image peu flatteuse. Ensuite, à mesure que l'EMT progressait, elle se concentrait sur « moi mince », comme elle le dit elle-même. Sa mère et sa belle-famille lui avaient déconseillé de maigrir davantage car ils estimaient qu'elle était en meilleure santé avec quelques kilos en plus. Ils s'accordaient tous à dire qu'elle était radieuse, en pleine forme. Jeannine, de son côté, n'y voyait que de la condescendance de leur part, puisque tel n'était pas son avis. La poursuite de l'EMT lui permit de se débarrasser essentiellement de la contrariété que suscitaient les réflexions de sa famille. Puis, elle se conforta dans l'idée que ses efforts d'amaigrissement étaient parfaitement dans son intérêt, tant sur le plan de la santé que de l'esthétique.

Les problèmes liés à son image et aux pressions familiales résolus, une autre cause d'irritation fit surface en séance d'EMT. Trois mois après son accouchement, Jeannine n'avait toujours pas eu de relations sexuelles, malgré son désir et l'impatience de son époux. Son médecin venait tout juste d'approuver la reprise des rapports, mais Jeannine était gênée par son poids. Elle ne pouvait s'imaginer faire l'amour que dans une pièce obscure où son mari ne la verrait pas, attitude contraire à sa franchise et à son ardeur habituelles. Deux séries supplémentaires d'EMT ramenèrent à un faible niveau son stress relatif aux rapports sexuels. Malgré la gêne que lui causait son apparence, elle pouvait la « gérer » quand elle était aussi détendue et, par la suite, avoir des rapports avec son mari et y prendre du plaisir.

Cette séance d'EMT résolut les problèmes de Jeannine en une vingtaine de minutes. J'estime pour ma part que la résolution aussi rapide de problèmes d'une telle envergure — apparence physique et réceptivité aux rapports sexuels —

serait très improbable dans le cadre d'une psychothérapie traditionnelle.

La culpabilité d'un parent par rapport à un enfant adulte

Il y a vingt-cinq ans encore, les enfants partaient de chez leurs parents après le lycée ou la fac. Les emplois ne manquaient pas et les salaires des débutants étaient relativement corrects, compte tenu du coût de la vie. Aujourd'hui, le marché du travail offre beaucoup moins de possibilités aux jeunes salariés de s'assumer financièrement. Beaucoup d'entre eux, découragés par le faible niveau des rémunérations et la rareté des postes non précaires, ne quittent plus leurs parents ou retournent chez eux en cas de divorce, de chômage ou de insatisfaction générale à l'égard de leur vie indépendante.

Diana, musicienne professionnelle de talent de cinquante-neuf ans, était tourmentée par l'irritation et l'angoisse en constatant que sa fille de trente-six ans était incapable de trouver du travail et de devenir autonome. Armelle vivait chez ses parents et, par ailleurs, vivait sa vie. Rarement punie dans son enfance, elle avait la conviction que tout lui était dû, alors qu'elle était dépourvue du sens des responsabilités. Diana ne faisait toujours rien pour contrer cette disposition d'esprit, mais elle ne supportait plus le manque de gratitude de sa fille. La série initiale d'EMT révéla que cette indulgence sans limites avait créé chez Diana un sentiment de culpabilité.

Diana se rendit compte qu'elle se sentait toujours coupable d'avoir été laxiste avec sa fille quelque trente-six ans plus tôt, pendant la petite enfance. Bien que ses enfants (une fille et un fils) n'eussent manqué de rien sur le plan matériel, elle se demandait s'ils n'avaient pas été lésés affectivement par les nombreuses absences de leur père, capitaine dans la marine marchande. Le sentiment de culpabilité né de ces absences lui donnait une excuse pratique pour ne pas punir ses enfants. Diana se disait avec regret que la faible motivation de sa fille avait été renforcée par son éducation permissive. Pourtant, son fils était devenu un adulte sûr de lui alors que sa fille était fragile sur le plan affectif.

En une seule séance d'EMT, Diana commença à prendre du recul par rapport à ses pensées génératrices de culpabilité : « Pourquoi me punir ? Mes enfants sont ce qu'ils sont. Il est toujours possible de trouver des failles dans l'éducation que l'on a donné à ses enfants et de se sentir coupable. » Ces nouvelles idées réduisirent sa culpabilité mais firent ressortir sa colère face à l'inactivité et au manque d'autodiscipline de sa fille, mode de vie complètement opposé à celui de Diana. Comme c'est souvent le cas pendant les séances d'EMT, des aspects inconscients du problème remontèrent à la surface. Le fort sentiment de culpabilité que Diana venait de se découvrir fut considérablement atténué par la détente et le changement de comportement induits par l'EMT. Désormais, elle était mieux à même de comprendre et d'affronter sa fille. Cette séance mit en relief tout un éventail de problèmes et encouragea Diana à faire le point sur elle-même et sur sa fille.

Après l'EMT, Diana exigea que sa fille trouve un travail à plein temps et quitte la maison dans les six mois. Ce qui fut fait quatre mois plus tard. Rien d'étonnant si leur relation s'améliora. Elles pouvaient désormais avoir des rapports mère-fille plus adultes, fondés sur l'amour réciproque et non sur la dépendance malsaine. Certes, un bon thérapeute aurait pu parvenir à ce résultat sans l'EMT, mais je soupçonne qu'il lui aurait fallu beaucoup plus de temps pour identifier les motivations et les sentiments qui se cachaient derrière le problème. L'EMT déboucha sur les questions les plus importantes et les plus pertinentes, au prix d'un minimum de temps et d'effort.

Un père en colère contre sa fille et sa femme

Édouard, soixante-dix ans, était heureux en couple depuis trente ans et avait trois enfants adultes. Désormais à la retraite, il espérait pouvoir profiter de son temps libre pour bricoler dans sa maison et son jardin, pour pêcher et passer plus de temps avec sa femme. Il aimait avoir une vie organisée et bien ordonnée. Il n'avait plus aucune dette importante, sa voiture et sa maison étant payées. Mais il ignorait complètement que sa femme avait proposé une de leurs cartes de crédit à leur fille de vingt-huit ans, qui avait des problèmes financiers — comme d'habitude. Cette offre généreuse présentait donc un risque évident. Quand Édouard découvrit sur le relevé bancaire de cette carte de crédit que sa fille avait contracté une dette de 15 000 dollars, il reçut un choc.

Il avait été pompier pendant vingt ans, puis courtier en assurances pendant quinze ans. Il voulait simplement profiter de sa retraite et avoir les moyens de le faire. Pourtant, il semblait que des nuages de soucis financiers s'accumulaient à l'horizon si cette dette n'était pas apurée. Il en voulait à sa femme de lui avoir dissimulé son geste et à sa fille d'avoir contracté une dette aussi importante.

Il arrivait pour les séances de thérapie prêt à exploser d'exaspération contre l'une et l'autre. Sa femme refusait d'évoquer la situation avec lui, craignant sans doute sa colère. Édouard avait un besoin impérieux d'en parler à quelqu'un, ne fût-ce que pour se défouler. Il ne voyait aucun moyen de se défaire de ce fardeau qui bouleversait sa vie. Je l'aidai d'abord à se détendre grâce à un exercice, qui parvint à le calmer un peu. J'enchaînai par une série de tapotements EMT pendant laquelle il se concentra sur sa colère et son inquiétude face au comportement de son épouse et de sa fille.

Édouard commença à repenser la situation, étape par étape. D'abord, il reconnut que sa fille assumait le remboursement minimum de l'emprunt, bien qu'il eût préféré un remboursement plus rapide. « Mais, concédait-il, de petits versements valent mieux que rien. Ce n'est pas une catastrophe. » Il raconta en outre que sa fille l'évitait à cause de sa colère, alors qu'il l'aimait et voulait renouer avec elle. Il se rendit également compte que sa femme ne pouvait admettre qu'elle avait eu tort de prêter la carte de crédit. Il avoua que, étant elle-même très dépensière, sa femme n'avait pas pu donner à sa fille le sens des responsabilités en la matière.

Lors de la séance suivante, Édouard rapportait qu'il était désormais capable de parler à sa femme après trois semaines de mutisme pratiquement complet sur la question. Il semblait plus détendu et s'était débarrassé de sa colère et de son angoisse sur les questions d'argent. Surtout, il pouvait pardonner à sa fille. Après une conversation avec son épouse, ils s'étaient mis d'accord sur la nécessité d'une décision commune avant d'accorder tout prêt ultérieur. Pour se rapprocher de sa femme, il avait pris des mesures positives (compliments, marques d'affection physique…) à mesure qu'elle se montrait plus ouverte.

Plusieurs fois par jour, Édouard pratiquait la relaxation à l'aide d'une cassette et des tapotements EMT pour conserver son calme et mieux se concentrer sur les objectifs qu'il s'était fixé : pardonner à sa femme et à sa fille et accepter qu'il n'avait guère prise sur la dette en cours. Étant d'un naturel tendu et angoissé, il avait besoin des exercices quotidiens de maîtrise du stress pour parvenir à ce niveau de réussite. Il finit par réduire de moitié sa dose quotidienne de tranquillisants.

Des enfants adultes face à des parents difficiles

Il arrive qu'un adulte rejoue le rôle qu'il avait dans l'enfance avec ses parents, même quand ceux-ci ont atteint l'âge mûr.

Il peut notamment réagir face à eux avec le même sentiment de dépendance et la même quête d'approbation qu'il éprouvait en étant petit. Les deux exemples ci-dessous montrent des personnes qui ont appris à l'âge adulte à identifier ces comportements, et à porter un regard nouveau sur des relations qui avaient toujours été difficiles avec leurs parents.

Ma mère me gêne

Line, trente et un ans, avait son franc-parler tout en étant très sensible. Sa relation avec sa mère était depuis toujours très orageuse. L'acrimonie imprévisible de celle-ci alternait avec des crises de larmes soudaines, qui pouvaient être aussi déroutantes qu'embarrassantes. Par ailleurs, la mère imposait toutes sortes d'exigences déraisonnables à sa fille. Quand Line vint me trouver pour entamer une thérapie, elle s'inquiétait au sujet de son mariage, bien qu'il ne fût prévu que dans un an. Elle imaginait les propos embarrassants que sa mère pourrait tenir, et dont elle était coutumière en compagnie. Se sentant responsable du comportement de sa mère dans ces situations-là, Line essayait de trouver des explications rationnelles aux éclats spectaculaires et aux réflexions intempestives. Elle craignait au fond que les gens ne la prennent elle-même pour une toquée.

Pendant la première séance d'EMT, elle parvint à se distancier du comportement de sa mère en évoquant son image : « Mais oui, dis ce que tu veux, cela n'a pas vraiment d'importance. » Pourtant, pendant la deuxième série d'EMT, Line ressentit des tensions physiques, des crampes aux jambes et des fourmillements dans tout son corps, en particulier sa mâchoire. Cela faisait d'ailleurs plusieurs années que ces symptômes revenaient épisodiquement. Ses médecins lui avaient assuré qu'ils n'étaient le signe d'aucune maladie, mais Line ignorait que le stress pouvait en être à l'origine. Sa tension physique et ses symptômes reprirent donc au moment où elle imaginait sa mère en train de faire des interventions bizarres à son mariage. Par exemple, sa mère prenait souvent une attitude défensive au cours d'une discussion et déclarait à la cantonade : « Je suis qui je suis », ou « J'aime Dieu et Dieu m'aime », ou encore « J'irai m'asseoir au côté de Dieu au Paradis ».

Les deux séries suivantes d'EMT donnèrent à penser que Line essayait inconsciemment de nier et de réprimer les sentiments négatifs qu'elle avait envers sa mère et au sujet de son mariage. Elle ressentait les symptômes physiques produits par la colère et l'angoisse, au lieu d'éprouver les émotions qui en étaient la source. Se détendant progressivement, elle put identifier la nature de ces blocages affectifs, et se demander pourquoi elle les réprimait. Une nouvelle série d'EMT révéla sa peur considérable de perdre le contrôle et de ressembler à sa mère. Line se rendit également compte qu'elle ne se sentait jamais « digne » d'éprouver des sentiments, en particulier les sentiments positifs. Ce blocage, qui remontait apparemment à l'enfance, était né de l'effort inconscient qu'elle avait dû faire pour supporter les sévices sexuels et physiques infligés par son beau-père. Line avait déjà consulté pour affronter les problèmes provoqués par cette maltraitance, mais la psychothérapie n'avait pas révélé les émotions qu'elle bridait et dont elle niait l'existence, stratégie qui perpétuait justement les symptômes physiques stressants. L'EMT effaça le stress superficiel et lui permit d'examiner les raisons pour lesquelles elle craignait de regarder en face son ressenti.

Au bout de plusieurs séances, Line devint plus détendue et plus à l'aise. Elle se rendait mieux compte de sa tension physique et du lien entre cette tension et des problèmes précis dans sa vie, en particulier sa relation avec sa mère.

Un an plus tard, Line m'apprit que, comme prévu, sa mère avait fait quelques réflexions à haute voix et hors de propos lors de son mariage. Mais Line s'était bien préparée. Elle s'était répété que sa famille proche et sa famille élargie connaissaient déjà suffisamment le personnage pour s'attendre à de tels éclats. Line s'était contentée de se dire : « Elle peut raconter ce qu'elle veut. Je ne peux pas l'en empêcher. »

Nota bene : La thérapie EMT de Line aurait été plus compliquée si elle n'avait pas déjà commencé à affronter les abus dont elle avait été victime dans son enfance. Si vous avez subi des traumatismes ou si vous éprouvez actuellement des symptômes liés à des troubles de stress post-traumatiques (souvenirs inquiétants d'événements passés, flash-back, cauchemars et troubles du sommeil, crises de panique, peurs ou tensions pratiquement constantes), si vous avez des symptômes d'hallucination, des sautes graves d'humeur, ou encore des pensées suicidaires, n'essayez pas de vous soigner avec l'EMT. Faites-vous aider par un professionnel de la santé mentale. Il en va de même si on a diagnostiqué chez vous un trouble de la dissociation de la personnalité (personnalités multiples), la schizophrénie, un trouble bipolaire (psychose maniaco-dépressive) ou une personnalité borderline.

Angoisse généralisée concernant la famille

À soixante-six ans, Yolande était divorcée depuis vingt ans et avait de grands enfants, un fils de trente-neuf ans, heureux en ménage, et une fille de quarante et un ans, victime de maltraitances verbales de son mari. Yolande se rongeait les sangs à propos de sa fille Rose, mais aussi à propos de sa propre mère, âgée de quatre-vingt-onze ans, et dont elle s'occupait au cours de ses visites quotidiennes. Yolande reconnaissant qu'elle était angoissée. Un simple coup de fil de sa mère, qui se plaignait de maux divers, l'emplissait de craintes qu'elle ne passe pas la nuit. Suite à quoi, elle avait des insomnies et son angoisse durait plusieurs jours, jusqu'à ce que sa mère semble avoir surmonté ses derniers malaises.

Tout aussi contrariante pour Yolande était la crise conjugale de sa fille Rose, menacée de mort par son mari si elle demandait le divorce. Comme sa fille habitait à 1 500 km de chez elle, Yolande avait peu d'influence sur la situation. C'était à sa fille qu'il revenait de se protéger elle-même, si besoin est en recourant à la police et à la justice.

J'enseignai à Yolande des techniques de relaxation traditionnelles qui la soulageaient quelque peu de son stress ; mais, à la moindre mauvaise nouvelle de sa mère ou de sa fille, son angoisse grimpait et aucune relaxation ne pouvait la désamorcer. Comme alternative à la relaxation traditionnelle, j'essayai donc l'EMT et lui demandai d'évoquer un niveau moyen d'anxiété en se concentrant sur sa mère. Après cette première série de tapotements, Yolande remarqua que son inquiétude habituelle avait disparu. Puis, deux séries supplémentaires de tapotements réduisirent à néant son angoisse concernant sa mère. Ensuite, nous appliquâmes la procédure à son angoisse concernant sa fille et obtînmes une résolution encore plus rapide. Habituée qu'elle était à son angoisse généralisée, Yolande fut abasourdie d'en être pratiquement débarrassée. Je lui conseillai la pratique autonome de l'EMT chez elle.

Rechercher l'approbation de papa

Véronique et son mari, tous deux la trentaine, nageaient dans la félicité quand le médecin leur confirma la grossesse de Véronique. Victime de maltraitance pendant un premier mariage, elle s'était remariée avec un homme qui était tout le contraire : encourageant, tolérant et approbateur. Plusieurs événements positifs étaient survenus récemment, dont un emploi temporaire qui allait lui permettre de financer des rénovations dans sa cuisine. Elle appela son père pour lui faire partager son bonheur, mais il critiqua ses dépenses excessives pour la remise à neuf de la cuisine et pour le travail « débile » qu'elle allait faire. Même à trente et un ans, elle était accablée par la dureté de cette réaction. Plus tard, elle comprit qu'elle avait toujours voulu être la « petite fille chérie de son papa », et qu'elle était toujours prisonnière de cette disposition d'esprit malgré les critiques et le rejet que lui manifestait depuis longtemps son père. Pour commencer la séance d'EMT, Véronique se concentra sur la colère et la blessure provoquées par les remarques cinglantes de son père. Voici un extrait de la séance :

Véronique : [EMT.] Je me sens plus détendue. Au départ, je me suis concentrée sur la conversation avec mon père et sur l'étendue de mon malaise. Puis, je n'ai plus réussi à me concentrer dessus ; cela s'estompait. Je me suis vraiment calmée.

Thérapeute : Continuons. Concentrez-vous sur ce que vous pensez pour l'instant de votre père. [EMT.] Que se passe-t-il maintenant ?

Véronique : J'ai l'impression que mon stress a disparu, et aussi mon mal de tête.

Thérapeute : Vous aviez un mal de tête à cause du stress ?

Véronique : Oui, mais maintenant je me sens très détendue. Je ne veux pas me laisser faire par mon père. Je me sens plus complète, davantage un individu à part entière.

Thérapeute : Poursuivons sur cette lancée. [EMT.] Que se passe-t-il maintenant ?

Véronique : Mon niveau de stress est pratiquement nul. Je me sens bien de nouveau.

Thérapeute : Voilà ce que j'appelle des progrès rapides. Comment considérez-vous maintenant les réflexions que votre père a faites pour vous rabaisser ?

Véronique : Qu'elles expriment sa frustration et sa colère personnelles, et qu'elles ne me visent pas directement. Je veux conserver ce point de vue. Je pourrai prendre ce qu'il me dit moins comme une attaque personnelle parce que je sais que je suis quelqu'un de bien. J'ai confiance dans ce que je fais. Je ne dois pas être parfaite, mais je suis quelqu'un de bien.

Thérapeute : Comment réagiriez-vous si votre père rejetait ce que vous avez fait et disait que vous êtes nulle ?

Véronique : À chaque fois, je me sens comme une victime, une criminelle. J'aurais dû expliquer cela plus tôt. C'était tellement horrible que j'avais toujours l'impression d'être une criminelle. Je crois que je n'arrêterai jamais d'analyser ses remarques. Je ne vais pas dire : « Bon, il ne sait pas de quoi il parle. » Je respecte certaines choses qu'il me dit, mais je ne vais pas les prendre pour parole d'Évangile. Je veux vivre ma vie.

Thérapeute : Il a toujours trouvé le moyen de vous critiquer. Comment ressentez-vous cela en ce moment même ?

Véronique : Je l'accepte mieux. Il est ainsi fait et je dois l'accepter tel qu'il est. Son comportement envers moi ne changera pas.

Thérapeute : Et si vous lui disiez à l'avenir toutes les bonnes choses qui vous arrivent ?

Véronique : Il trouvera un moyen de prendre le contre-pied, comme d'habitude.

Thérapeute : Quand vous l'appelez pour lui apprendre de bonnes nouvelles, à quelle réaction attendez-vous ?

Véronique : Voilà, je ne vais plus l'appeler. Je ne vais plus me préparer à entendre les propos que j'aimerais entendre.

Thérapeute : Il ne va pas incarner le père idéal ?

Véronique : Non.

Thérapeute : Ni le papa doux, ferme et compréhensif des feuilletons des années 1950 ?

Véronique : Non plus.

Cette séance révéla que la dureté de son père pouvait encore vexer Véronique, mais elle n'allait plus la pousser à se mépriser. L'EMT l'aida à se sentir plus à l'aise avec son emploi temporaire et la rénovation de sa cuisine. Par le passé, elle aurait douté de ses décisions sous l'effet des critiques de son père. Mais elle ne le fit pas cette fois-là. Fait intéressant, sa colère contre son père revint, mais cette fois-ci sous une forme saine. Elle s'accordait désormais le droit de ressentir et d'exprimer sa colère contre lui. Ce résultat correspond tout à fait au principe de base de l'EMT, qui veut que la reprogrammation des pensées et des sentiments aboutisse à une résolution constructive. Si la colère de Véronique refit surface, c'est parce qu'elle avait besoin de ressentir cette émotion et de la considérer avec indulgence. Grâce à l'EMT, son assurance s'est traduite par d'importantes améliorations en l'espace de deux semaines. Une psychothérapie traditionnelle donne rarement des changements aussi rapides.

L'EMT et les enfants

Les enfants qui ont des problèmes liés au stress peuvent bénéficier eux aussi de l'EMT. Malgré leurs compétences verbales et cognitives limitées, ils sont en général capables de désigner dans une certaine mesure ce qui les perturbe. Le passage ci-dessous est extrait d'une séance effectuée avec Jonathan, six ans. Ses parents étaient préoccupés par ses difficultés à s'endormir.

> *Thérapeute* : Ferme les yeux et pense à un monstre qui t'attaque pendant ton sommeil. C'est très effrayant. Allons-y. [EMT.] Que se passe-t-il maintenant ?
> *Jonathan* : Le monstre s'est enfui.
> *Thérapeute* : As-tu plus peur, moins peur ou aussi peur qu'avant ?
> *Jonathan* : Moins peur.
> *Thérapeute* : Ferme les yeux à nouveau. Pense que le monstre revient. Allons-y. [EMT.] Que se passe-t-il maintenant ?
> *Jonathan* : Je commence à avoir moins peur.
> *Thérapeute* : Bien. Continuons. Ferme les yeux. [EMT.] Ouvre doucement les yeux. Que se passe-t-il maintenant ?
> *Jonathan* : Eh bien, le monstre me regarde. Il va peut-être m'attraper.
> *Thérapeute* : Tu veux dire t'écraser ?
> *Jonathan* : Oui.

Thérapeute : Bien. À ton avis, qu'est-ce que tu pourrais faire pour te défendre ?

Jonathan : Je pourrais utiliser un lance-pierres.

Thérapeute : Très bien. C'est une solution. Essayons. Imagine que c'est ce que tu fais. Ferme les yeux. [EMT.] Que se passe-t-il maintenant ?

Jonathan : J'ai tiré quelques pierres avec mon lance-pierres.

Thérapeute : Très bien. Plus peur, moins peur ou pareil ?

Jonathan : Moins peur. Chaque fois, j'ai moins peur.

Thérapeute : Pense que les pierres atteignent le monstre. [EMT.] Ouvre doucement les yeux. Que se passe-t-il maintenant ?

Jonathan : Dès que le monstre a vu les pierres, il s'est enfui.

Thérapeute :Mais est-ce que tu as encore peur ?

Jonathan : Oui, un petit peu.

Thérapeute : D'accord. Tu es détendu ?

Jonathan : Oui.

Thérapeute : Voyons si nous pouvons faire partir complètement la peur pour qu'il n'en reste même plus un tout petit peu. Tu veux bien essayer ?

Jonathan : D'accord.

Thérapeute : Bon. Essaie de continuer de penser au monstre et à la façon dont tu vas te défendre et ainsi de suite. [EMT.] Bon, les yeux ouverts : que se passe-t-il maintenant ?

Jonathan : Je me sens beaucoup mieux.

Thérapeute : Quel autre moyen tu pourrais utiliser pour effrayer le monstre ?

Jonathan : Eh bien, j'aimerais lui crier dessus.

Thérapeute : Très bien, qu'est-ce que tu attends ? Pense que tu hurles contre le monstre et qu'il se sauve. [EMT.] Ouvre doucement les yeux. Que se passe-t-il maintenant ?

Jonathan : Je n'ai plus du tout peur. Et le monstre s'est enfui quand j'ai crié.

Thérapeute : Très bien. Plus aucune peur ?

Jonathan : Non.

Thérapeute : Tu t'es vraiment bien débrouillé, tu sais !

Il fallut plusieurs séances d'EMT pour que Jonathan n'aie plus peur d'avoir un cauchemar dans lequel une créature mi-homme, mi-chien, l'attaquait. Pendant l'EMT, il imaginait qu'il tuait la créature de différentes manières : en lui tirant dessus, en le poignardant, en le piétinant. Sa peur disparut presque entièrement, et, cette nuit-là, il dormit tout seul, alors que, la nuit précédente, il avait eu besoin que sa mère dorme dans son lit et avait redouté de fermer les yeux jusqu'à 3 heures du matin. Plusieurs mois plus tard, il apprit à effectuer les tapotements par lui-même pour pouvoir se détendre et s'endormir sans crainte.

12

RELAXATION RAPIDE ET QUALITÉ DU SOMMEIL

SI VOUS ÊTES SOUVENT TENDU, vous pensez peut-être : « Je suis simplement trop crispé pour me détendre avec quelque méthode que ce soit. » Peut-être cela est-il vrai, puisqu'il faut du temps et de l'attention pour pratiquer une technique traditionnelle de relaxation et obtenir un bon résultat. L'EMT est différente : elle détend plus rapidement que les techniques habituelles de relaxation. Dans ce chapitre, je vous montrerai comment associer l'EMT aux techniques traditionnelles pour que vous puissiez vous détendre et vous régénérer en quelques minutes seulement et sans aucun effort, ou presque. Vous ne tarderez pas à découvrir les nombreux bienfaits de cette méthode :

- un sentiment de bien-être et de calme ;
- une capacité renforcée à gérer le stress ;
- une meilleure santé physique et psychique ;
- une plus forte capacité à penser clairement et à organiser vos idées ;

• un sommeil plus réparateur.

Si l'EMT normale ne permet pas de venir à bout de votre problème de stress, la relaxation EMT pourrait quand même vous réussir. Même si vous être convaincu d'être incapable de vous détendre, essayez les techniques ci-dessous : vous vous sentirez certainement plus calme.

SE CONCENTRER SUR LA RESPIRATION

La concentration sur la respiration consiste à associer l'EMT à un mot que vous vous répétez au rythme de la respiration. Asseyez-vous confortablement dans une pièce tranquille et avant de manger (après les repas, la digestion gêne la relaxation profonde). Ensuite, évoquez dans votre tête la syllabe « re » en inspirant, puis « lax » en expirant, le tout lentement. Pendant les minutes suivantes, répétez le mot « relax » jusqu'à ce que vous soyez à l'aise avec cette formule. Puis, placez vos mains sur vos cuisses et commencez à tapoter avec vos index : un tapotement de l'index gauche sur la cuisse gauche, alterné avec un tapotement de l'index droit sur la cuisse droite. Instaurez un rythme gauche-droite qui correspond à deux tapotements par seconde environ. Continuez pendant trois à quatre minutes. L'association des tapotements et du mot « relax » permet un relâchement important de la tension et produit une sensation agréable. Si vous voulez approfondir la relaxation, poursuivez pendant deux ou trois minutes encore. Votre détente peut durer plusieurs heures, voire le reste de la journée. Si vous avez du mal à utiliser le mot « relax », vous pouvez vous contenter de vous concentrer sur la respiration seule, sans penser à quoi que ce soit de particulier, et obtenir néanmoins un résultat identique.

C'est, de mon point de vue, une technique qui n'a pas son pareil pour favoriser la relaxation. Utilisez-la chaque fois que vous voulez vous détendre ou améliorer votre sensation de bien-être et de félicité.

LA VISUALISATION AVEC L'EMT

Si vous avez une image préférée pour vous détendre — une plage, une belle campagne, un paysage de montagne —, évoquez-la en pratiquant les tapotements sur les cuisses. Vous trouverez que ces tapotements approfondissent la relaxation associée à l'image choisie.

Une personne qui me consultait pour des problèmes de douleur chronique s'imaginait profiter d'une plage hawaïenne tout en tapotant ses genoux. En cinq minutes, elle était complètement immergée dans l'image. Elle m'assurait que son évocation de la plage était plus agréable et plus calmante que les tapotements EMT. La scène présentée ci-dessous peut vous aider à évoquer des détails agréables si vous voulez visualiser une plage :

> Imaginez que vous passez un après-midi sur la plage. Le sable vous semble chaud et doux contre votre peau. Vous êtes assis sur le sable et vous observez l'océan, l'eau bleue d'azur, vous contemplez le flux des vagues qui s'avancent rythmiquement vers le rivage, l'eau prenant une teinte d'un vert transparent léger quand la lame déferle. Vous observez la crête blanche des vagues, tandis que les rouleaux déferlent sur le sable ; oui, les vagues atteignent doucement le rivage comme de l'eau pétillante qui se répand sur le sable ; vous sentez les embruns salés et rafraîchissants saturer l'atmosphère, et ces embruns inondent votre corps et vous revigorent, vous tonifient, vous revitalisent et vous détendent.
>
> Accordez-vous quelques instants pour imaginer le flux délectable des vagues sur le rivage, le flux et le reflux qui s'élève, s'affaisse, s'élève et retombe. Allez-y et imaginez les vagues (pause pendant cinq secondes environ).

Très bien. Parfait. Maintenant, décidez de faire une petite promenade le long de la plage en observant les vagues. Oui, observez le rivage qui forme une courbe qui s'élance au loin, la courbe du rivage qui se fond avec l'horizon. Comme vous poursuivez votre promenade, vous sentez le sable qui crisse sous vos pieds. C'est une sensation tellement agréable : le sable chaud qui craque sous vous pas. Il complète la chaleur du soleil au-dessus de vous. Sentez la chaleur du soleil sur votre dos, cette douce chaleur qui glisse sur votre dos et à travers votre corps ; la chaleur agréable qui vient du soleil vous emplit de sensations agréables. Vos sens sont tous en éveil, vous remarquez que des dunes de sable s'élèvent le long de la plage ; les flancs des dunes sont hérissés de touffes d'herbes hautes ; vous remarquez que les longues tiges d'herbe se balancent doucement sous la brise. Cette brise vous apaise.

Vous continuez de marcher ; vous entendez les cris des mouettes au loin. Une multitude de mouettes blanches approche, volant si facilement, planant dans le vent en lançant leur cri si caractéristique au-dessus de vous... Elles s'éloignent à tire-d'aile, et vous laisse avec une impression de sérénité… Maintenant, vous sentez un zéphyr effleurer votre dos. Ce souffle léger vous cajole, et stimule vos sens.

En portant votre regard au-delà des vagues, vous distinguez un voilier mince et blanc fendre les flots ; il fend l'onde avec grâce, ses voiles gonflées par les vents. Observez avec plaisir le cours régulier du voilier, qui suit silencieusement le vent.

Maintenant, votre regard se porte au delà de l'horizon, et vous voyez le soleil se coucher. Le soleil disparaît dans un grand déploiement de couleurs vives : des jaunes brillants, des rouges profonds, des oranges brûlés contrastant avec les nuages gris qui s'effilochent sur fond d'azur pâle. À mesure que le soleil descend, il découpe un triangle de lumière jaune sur la surface de l'océan, et s'y enfonce lentement. Une sérénité époustouflante commence à envahir le ciel. Une sérénité naissante si profonde qu'elle absorbe pleinement vos sens.

À présent, vous allez mettre un terme à l'expérience, la conclure dans un esprit de consentement et de paix, consentement et paix. Accordez-vous la minute suivante, tout le temps nécessaire, tout le temps dont vous avez besoin pour revenir à votre état de veille. Vos yeux s'ouvrent lentement, et vous vous sentez détendu et reposé[1].

LA RELAXATION EMT POUR S'ENDORMIR

Une personne sur deux ou presque souffre de troubles du sommeil, qui prennent différentes formes : difficultés pour s'endormir, pour rester endormi, réveils nocturnes fréquents, réveil trop tôt le matin, ou simplement sommeil peu reposant. Ces troubles comportent souvent un facteur de stress. Si vous avez du mal à vous endormir, vous restez peut-être allongé dans votre lit à vous angoisser, précisément parce que vous ne trouvez pas le sommeil. Vous pensez : « Et si ne je peux pas dormir cette nuit ? Comment vais-je tenir demain ? » Ou, allongé les yeux ouverts, vous vous dites après tant d'efforts infructueux : « J'en ai assez de ces insomnies. »

Bien sûr, l'angoisse suscitée par l'insomnie n'est pas la seule tension qui vous maintient éveillé la nuit. Un deuxième type de stress consiste à se concentrer sur l'angoisse, l'irritation ou la colère causée par quelque problème précis. Il n'y a pas mieux pour vous garantir des insomnies que de vous attarder aux émotions négatives ou dramatiser une situation difficile.

Troisième cause de troubles du sommeil : le fait de penser à des choses agréables et stimulantes tout en essayant de vous endormir. Ces pensées soulèvent votre enthousiasme mais sont peu compatibles avec la détente qui ouvre la voie au sommeil et à une nuit reposante. Enfin, en plus du stress

1. Fred Friedberg, *Coping with Chronic Fatigue Syndrome. Nine Things You Can Do,* Hew Harbinger, 1995, p. 58-59.

induit psychologiquement, il existe des problèmes de santé et des symptômes qui participent aux troubles du sommeil, dont la douleur et la fatigue chroniques.

Comment l'EMT peut-elle vous aider dans ce cas ? Si vous avez du mal à vous endormir, je vous conseille de vous concentrer sur le mot « relax » allongé au lit, tout en tapotant sur vos cuisses avec vos index, index gauche sur cuisse gauche et index droit sur cuisse droite (voir chapitre 6). Recommencez ce mouvement de gauche à droite en même temps que vous évoquez le mot « relax » en détachant les syllabes, et vous sentirez en quelques minutes le sommeil vous envahir. Continuez les tapotements jusqu'à ce que vous soyez plongé dans la sérénité (environ cinq minutes), puis arrêtez les tapotements. Continuez de prononcer en silence le mot « relax » jusqu'à ce que le sommeil s'empare de vous. Recourez à la même technique si vous vous réveillez pendant la nuit et que vous ne pouvez plus vous rendormir, ou si vous vous réveillez trop tôt.

Les résultats de cette technique sont immédiats. Il n'est pas besoin d'une pratique intensive, comme ce serait le cas pour une méthode de relaxation traditionnelle. L'EMT induit une détente complètement automatique. Pratiquée avant de s'endormir, elle permet, d'une part, de vous distraire de vos pensées stressantes et, d'autre part, elle induit une détente physique et mentale, garanties d'un sommeil réparateur.

Si des pensées et des sentiments stressants empêchent l'EMT de faire effet, essayez l'autre approche. Cette variante consiste à se concentrer sur les pensées et les sentiments stressants et à les accompagner avec les tapotements alternatifs ; elle vous permettra de résoudre au moins certains des problèmes qui se trouvent derrière l'angoisse, la colère, la frustration ou d'autres émotions désespérantes. Cette pratique vous aidera à surmonter votre problème de stress et de sommeil à l'issue d'une seule série d'EMT. Que pourrait-il y avoir de plus efficace ?

L'exemple suivant illustre l'utilisation que je fais moi-même de l'EMT pour dormir mieux et plus longtemps :

> Depuis plusieurs semaines, je me réveillais plus tôt que je ne le voulais. J'allais me coucher à 11 heures, mais j'étais réveillé dès 5 heures, sans pouvoir me rendormir. Pour me sentir reposé, j'ai besoin de huit heures de sommeil. Je pouvais fonctionner avec six heures de sommeil, mais ma fatigue s'accumulait jusqu'à ce que je m'écroule une nuit pour dormir dix ou onze heures d'affilée.
>
> Par hasard, j'ai découvert que l'EMT pouvait m'aider à améliorer la qualité et la durée de mon sommeil. Une nuit que je m'étais réveillé à 5 heures, je remarquai que je m'attardai à cette pensée : « Je déteste me réveiller de bonne heure ! Je déteste me réveiller de bonne heure ! » Cette idée était peut-être à l'origine de la frustration et de l'inquiétude suscitées par mon problème de sommeil. Je me concentrai donc sur elle tout en effectuant les tapotements EMT. La pensée se dissipa, puis finit par disparaître et je me rendormis.
>
> Les jours suivants, malgré une certaine fatigue, je ne m'attardai pas, comme à l'accoutumée, sur mon déficit de sommeil ou sur ses conséquences fâcheuses. La nuit suivante, je me réveillai aussi tôt que d'habitude, mais je me rendormis dans les quinze à vingt minutes suivantes, chose dont j'avais été jusqu'alors incapable. La simple application de l'EMT m'avait permis de mieux supporter mon problème de sommeil et de me rendormir, au lieu d'en être obsédé.

Si vous avez des troubles du sommeil, utilisez la méthode EMT pour vous concentrer sur la relaxation ou pour vous détacher de pensées stressantes comme je l'ai fait, jusqu'à ce que vous éprouviez une sensation de calme de plus en plus profonde. Vous jouirez alors d'un sommeil réparateur.

13

LES DIVERSES APPLICATIONS DE L'EMT : DEPUIS LE STRESS JUSQU'AUX PROBLÈMES MAJEURS DE L'EXISTENCE

RÉDUCTION DU STRESS AU QUOTIDIEN

Le niveau du stress varie plus ou moins en fonction des soucis et de l'irritation qui s'accumulent au travail, à la maison ou ailleurs. Quand les problèmes ou les conflits ne cèdent pas devant une solution évidente et immédiate, l'étape suivante pourrait consister à en parler à son conjoint, à un ami ou à un collègue. Les encouragements de l'entourage sont certes importants, mais ils n'apportent pas nécessairement un véritable soulagement. J'ai pu constater en revanche que, quand le stress devient ingérable ou écrasant, l'EMT est l'un des moyens les plus efficaces pour le soulager, sans devoir recourir aux médicaments. Face à l'accablement, l'objectif le plus immédiat et le plus important doit être de diminuer la détresse. L'EMT vous aide le long de deux axes : elle constitue une diversion puissante de ce qui vous bouleverse, et elle crée aussi une grande détente avec un effort minime. Il ne peut y avoir d'intervention plus forte que celle qui vous détourne d'une intense préoccupation. Puis, une fois la diversion et la relaxation de l'EMT établies, vous envisagerez vos problèmes avec un sens des proportions plus juste, une meilleure compréhension, et même de l'optimisme.

Personnellement, j'utilise l'EMT quand j'ai une discussion animée avec quelqu'un qui m'est proche. Même en pleine dispute, je tapote discrètement mes genoux et je sens alors mes épaules se relâcher, ma colère et ma frustration reculer. Du coup, je suis moins porté à accuser l'autre et mieux à même d'exprimer mes idées sans aigreur. L'utilisation de cette simple technique de maîtrise de soi me permet de mieux résoudre les conflits interpersonnels.

REMISE À PLAT DES PROBLÈMES DE L'EXISTENCE

Le stress constant de la vie risque de nous faire perdre de vue nos points forts et nos aspirations les plus profondes, ou même de les rendre inaccessibles. Mais, dès lors que les influences perturbatrices des tensions sont réduites, il est possible d'identifier les force positives sous-jacentes et de les intégrer dans le quotidien. L'EMT facilite ce processus. En vous libérant de vos sentiments de conflit, de détresse et d'agitation, l'EMT vous procure la liberté de définir des orientations importantes dans votre existence, orientations que vous ne prendrez pas simplement pour vous conformer aux souhaits des autres ni pour vous accrocher à des objectifs qui ont perdu leur raison d'être.

Dans une certaine mesure, l'EMT permet de rétablir l'équilibre dans notre vie. Nos motivations nous poussent souvent à trop travailler ou à être obnubilé par un problème particulier qui nous détourne de nos besoins et de nos désirs profonds. Une fois que l'EMT a balayé le stress, nous prenons davantage conscience des déséquilibres malsains de notre existence. Nous pouvons alors nous réorienter et nous occuper de notre vie intérieure. Les occasions de rééquilibrage mises en évidence par l'EMT varient, bien sûr, selon l'individu. Dans notre culture centrée sur le travail, il peut s'agir de relativiser l'importance de celui-ci et de se consacrer de nouveau à la famille, à la sociabilité ou à la spiritualité. Un changement d'attitude peut également dissoudre nos craintes et nous ouvrir des perspectives nouvelles. Qui sait ? Peut-être verrons-nous sous un jour nouveau la valeur des loisirs contemplatifs et les limites de « l'activisme coûte que coûte ».

Changer de priorité

Un de mes amis intimes, Alain, célibataire de quarante-huit ans, avait très bien réussi dans son métier d'analyste financier. Pourtant, il rejetait la perspective de fonder une famille, car il ne s'intéressait pas aux enfants. Son travail et ses activités sportives l'accaparaient tellement qu'il n'avait pas le temps de se pencher sur cette vague insatisfaction qui pouvait ressortir de façon imprévue pour le tarauder. Il estimait ne pas avoir de problèmes, mais j'ai utilisé l'EMT sur lui comme simple expérience, pour voir où elle conduirait. Je lui demandai de se concentrer sur son insatisfaction tandis que j'effectuais les tapotements. Il eut bientôt des images d'une vieille amie qui venait tout juste d'adopter un enfant et donc de devenir mère célibataire. Il la voyait de temps à autre avec la fillette qu'elle avait adoptée, et commença à reconnaître qu'il s'attachait de plus en plus à la bambine. Il avait du mal à admettre ces sentiments, n'ayant jamais envisagé l'éventualité d'avoir des enfants et ayant toujours supposé que les enfants ne l'intéressaient tout simplement pas. Or, l'EMT concentra son attention sur l'écart entre les préjugés de toute une vie et la réalité qui se faisait jour, à savoir qu'il se rapprochait de l'enfant de son amie. Peut-être son désir de fonder une famille était-il caché, nié ou refoulé. Mais en tout cas, il était là, et l'EMT permit de le découvrir ou, au moins, souligna l'évolution de ses pensées et de ses sentiments pour l'enfant.

Alain commença à reconnaître l'importance de cette relation pour lui et remarqua que son amitié avec la maman s'était renforcée depuis l'adoption. Cette découverte fut pour lui comme une illumination. Au cours des mois suivants, il se rapprocha davantage de l'enfant et sa relation avec la mère s'approfondit. Il avait de plus en plus l'impression que sa vie commençait désormais à s'équilibrer entre son métier intellectuel et l'environnement chaleureux de la mère et de l'enfant. L'EMT lui permit de prendre conscience de ce qui se passait en lui et semblait l'encourager à le développer davantage.

On trouve un autre exemple de transformation importante grâce à l'EMT dans l'expérience de David, cinquante-sept ans, ingénieur de la sécurité dans un laboratoire public de biologie. Pendant les quinze dernière années, il avait assuré la sécurité du personnel travaillant sur le site. Il aimait les défis et les responsabilités de son poste. Pourtant, il était bloqué par des supérieurs hiérarchiques peu motivés, qui recrutaient souvent des salariés faiblement qualifiés pour effectuer des tâches hautement spécialisées. David devait sans cesse contrôler leurs résultats pour s'assurer du respect des normes de sécurité.

Il avait rédigé un manuel détaillant les procédures de sécurité et de nombreuses autres qui étaient essentielles dans le laboratoire, mais ses recommandations étaient rarement suivies, et les situations à risque n'étaient pas rares. Il advint un jour que les problèmes les plus évidents du laboratoire furent rapportés dans le journal local. Malgré cette publicité négative, peu de mesures furent adoptées pour améliorer les conditions de travail. David était de plus en plus excédé par l'indifférence de la direction générale et par le manque de coopération de ses collègues.

Ses problèmes professionnels apparemment insurmontables finirent donc par le plonger dans la dépression. David souffrait de tension et d'ulcères à l'estomac. À cause de l'aggravation de ses problèmes de santé et de ses troubles psychologiques, il prit un congé de maladie, suivit un traitement à base d'antidépresseurs et de médicaments contre la tension et ses ulcères. Pendant les premières séances de thérapie, je ne pus soulager ni sa colère envers le laboratoire ni sa grave dépression. J'essayai alors une série de tapotements EMT, qui donnèrent quelques résultats, au point de réduire son stress et même de donner un coup de pouce à sa bonne humeur.

Mais c'est au cours de la dernière série d'EMT qu'il y eut une percée véritablement inattendue. David se rendit compte qu'il n'était pas un raté du simple fait qu'il ne parvenait pas à affronter ses difficultés professionnelles. Il commença à considérer sa carrière avec plus d'objectivité. Ses nombreux succès avaient permis au laboratoire de progresser. Il était de plus en plus satisfait de tout ce qu'il avait réalisé malgré les contrariétés et les déceptions. En poursuivant l'EMT, il commença également à changer d'attitude par rapport aux loisirs. Il profitait à nouveau des plaisirs simples comme manger, promener son chien et téléphoner à ses amis à l'autre bout du pays. Je crois que les tapotements EMT l'aidèrent à négocier ce virage important. Une fois les plaisirs de la vie redécouverts, la thérapie et les médicaments purent produire leurs effets.

Pendant son congé de maladie, David réfléchit longuement à sa situation au travail. Sa satisfaction y était éclipsée par des facteurs personnels qui lui échappaient et qui l'empêchaient de faire son travail correctement. Le stress né de ce conflit avait ruiné sa santé et son bien-être. Plutôt que de reprendre son combat au laboratoire et de compromettre davantage sa santé, il décida donc de prendre une retraite anticipée et de déménager dans le Sud. Il avait d'autres cordes à son arc, comme la menuiserie et la musique, qui lui permettraient de vivre modestement mais de façon satisfaisante.

Je parlai à David après son déménagement. Il n'avait plus besoin du laboratoire pour se sentir compétent et valable. Sans la pression qu'il s'imposait à lui-même, il pouvait profiter de sa nouvelle vie. Fait significatif, sa dépression disparut, ses problèmes de santé liés au stress s'atténuèrent et, de ce fait, il avait besoin de moins de médicaments.

Ainsi, donc, au-delà de son attrait immédiat comme moyen de diminuer le stress, l'EMT peut vous permettre de mener une exploration plus profonde, voire plus spirituelle, et acquérir une meilleure compréhension de vos priorités. Pendant vos séances d'EMT, demandez-vous : « Mes priorités actuelles ont-elle un sens pour moi ? Me donnent-elles les satisfactions que j'attends ? » Si ce questionnement sur vos objectifs et votre orientation vous laisse avec une impression d'insatisfaction, êtes-vous prêt à examiner les raisons qui se cachent derrière elle ? Puis, quand les raisons sont découvertes, êtes-vous prêt à essayer de nouvelles activités ou, à tout le moins, à vous concentrer sur des activités considérées autrefois sans valeur et qui pourraient désormais prendre plus d'importance dans votre vie ? L'EMT vous permettra de canaliser votre réflexion vers ce qui compte vraiment pour vous, même si vous n'en mesurez pas pour l'instant toute la portée. À partir de là, vous pourrez opter pour l'expérimentation avec ces nouvelles orientations et trouver, à la fin, un épanouissement plus profond et plus durable.

RÉFÉRENCES BIBLIOGRAPHIQUES

Chapitre 1

J. Marquis, « A report on seventy-eight cases treated by eye movement desensitization », *Journal of Behavior Therapy and Experimental Psychiatry,* 1991, n° 22(3), p. 187-192 ; L. Smyth, *Overcoming Post-traumatic Stress Disorder,* Oakland, New Harbinger Publications, 1994 ; J. Wolpe et J. Abrams, « Post-traumatic stress disorder overcome by eye-movement desensitization », *Journal of Behavior Therapy and Experimental Psychiatry,* 1991, n° 22(1), p. 39-43.

Francine Shapiro, Margot Silk Forrest et David Servan-Schreiber (préface de), *Des yeux pour guérir. EMDR : la thérapie pour surmonter l'angoisse, le stress et les traumatismes,* Seuil, 2005.

Chapitre 2

Juliet Schor, *The Overworked American : The Unexpected Decline of Leisure,* New York, Basic Books, 1991.

Linda Luecken *et al.,* « Stress in employed women : impact of marital status and children at home on neurohormone output and home strain », *Psychosomatic Medicine,* 1997, N° 59, p. 352-359.

A. Cassidy, « What pushes your stress button ? », *Working Mother,* juillet 1996, p. 18-22.

M. W. Walsh, « As hot economy pushes up overtime, fatigue becomes a labor issue », *New York Times,* septembre, 2000.

F. Friedberg et L. A. Jason, « Chronic fatigue syndrome and fibromyalgia. Clinical assessment and treatment », *Journal of Clinical Psychology,* 2001.
Robert Reich, *The Future of Success,* New York, Knopf, 2001.
R. B. Williams et P. W. Williams, *Anger Kills : Seventeen Strategies for Controlling the Hostility That Can Harm Your Health,* New York, Harperperennial Library, 1994.
A. Rozanski, J. A. Blumenthal et J. Kaplan, « Impact of psychological factors on the pathogenesis of cardiovascular disease and implications for therapy », *Circulation,* 1999, n° 99, p. 2192-2197.
D. S. Krantz, W. J. Kop, H. T. Santiago et J. S. Gottdiener, « Mental stress as a trigger of myocardial ischemia and infarction », *Cardiology Clinics,* 1996, n° 14, p. 271-287.
M. Friedman *et al.,* « Alteration of Type A behavior and its effect on cardial recurrence. Summary results of the recurrent coronary prevention project », *American Heart Journal,* 1986, n° 112, p. 653-665.
D. Spiegel *et al.,* « Effect of psychological treatment on survival of patients with metastatic breast cancer » *Lancet,* 1989, n° 2 (8668), p. 888-891.

Chapitre 5

J. Knipe, « Identifying hidden blocking beliefs », *EMDRIA Newsletter* n° 2, p. 10-11.

Chapitre 6

Voir Albert Ellis, *A Guide to Rational Living,* North Hollywood, Wilshire Book Company, 1973.

Chapitre 7

C. Weekes, *Hope and Help for Your Nerves,* Toronto, Bantam, 1969.
D. Cioffi, « Beyond attentional strategies : cognitive perceptual model of somatic interpretation », *Psychological Bulletin,* 1991, 109, p. 25-41.

Chapitre 8

Albert Ellis, *A Guide to Rational Living,* North Hollywood, Wilshire Book Company, 1973.

Chapitre 12

Fred Friedberg, *Coping with Chronic Fatigue Syndrome. Nine Things You Can Do,* Hew Harbinger, 1995, p. 58-59.

Achevé d'imprimer sur les presses de
SNEL Grafics sa
rue Saint-Vincent 12 – B-4020 Liège
Tél +32(0)4 344 65 60 - Fax +32(0)4 341 48 41
avril 2006 — 37582

Imprimé en Belgique